Photoshop in 7 Lektionen

Bildbearbeitung mit Photoshop für Anfänger.

Lernen Sie in 7 Lektionen den Umgang mit Photoshop, um Ihre Fotos optimal aufzubereiten.

Von Philipp Kuhlmann

2. Auflage, Januar 2020

Alle Rechte vorbehalten

© 2020 Philipp Kuhlmann

Einleitung und Anmerkungen zur neuen Auflage

Bildbearbeitung ist trotz der immer besser werdenden digitalen Kameras ein wichtiger Bestandteil in der Fotografie. Nicht immer ist die Beleuchtung optimal oder das abgelichtete Motiv fehlerfrei.

Hier kommt die Nachbearbeitung mit Software ins Spiel. Mittlerweile gibt es unzählige Hersteller von Bildbearbeitungsprogrammen. Zu allererst kommt aber immer Photoshop von Adobe in den Sinn. Daher möchte ich in diesem Buch auch immer Bezug zu dem Platzhirsch nehmen.

Photoshop hat sich über die Jahre zu einem Programm gemausert, mit dem man wirklich sehr viel machen kann. Es ist tatsächlich schon über 25 Jahre her, dass Photoshop das Licht der Welt erblickt hat. Damals war der Funktionsumfang wirklich überschaubar.

Heute ist man als neuer Anwender erstmal erschlagen durch die vielen Befehle und Möglichkeiten.

In meiner Tätigkeit als Software-Dozent für Adobe habe ich beobachten können, welche Schwierigkeiten gerade Einsteiger im Umgang mit Photoshop haben.

Genau für diese Zielgruppe ist mein Ratgeber gedacht. Lernen Sie in sieben Abschnitten die wichtigsten Dinge zur Bildbearbeitung. Mehr brauchen Sie normalerweise nicht.

Es beginnt leider etwas trocken mit den technischen Details einer digitalen Bilddatei, mit Farben und der Auflösung. Alles Dinge, die im Alltag eines angehenden Fotografen wichtig sind. Es bildet sozusagen die Basis für jede spätere Aktion in der Bildbearbeitung. Es ist gut möglich, dass Sie dabei manches nicht sofort verstehen. Machen Sie bitte trotzdem weiter und wiederholen das Kapitel später erneut. Nach und nach wird sich der Schleier heben.

Danach folgen die Kapitel zur eigentlichen Bildbearbeitung. Ich selbst habe mich da lange Zeit schwer mitgetan und einfach so drauflosgearbeitet. Erst zahlreiche Bücher und viele Übungen halfen mir, Struktur hineinzubringen und zu lernen, welche Schritte wirklich notwendig sind. Sie lernen also das Beschneiden von Fotos, das Schärfen, das Entfernen von Störungen als auch die Verbesserung von Farben, der Helligkeit und des Kontrasts.

Zum Ende stelle ich Ihnen noch die wichtigsten Datei-Formate vor. So wissen Sie ganz genau welche Datei-Endungen für welchen Einsatzzweck gedacht sind.

Keine Sorge, es ist noch kein Meister vom Himmel gefallen. Das gilt besonders für Photoshop. Lernen Sie hier nur die wichtigsten Arbeitsschritte kennen. Dafür brauchen Sie glücklicherweise nicht einen dicken Wälzer, sondern nur ein paar kurze Anweisungen.

Schauen Sie auch mal auf meinem Blog (philippkuhlmann.de) vorbei – da berichte ich über digitale Medien und natürlich auch über Photoshop.

Anmerkungen zur zweiten Auflage

Seit Veröffentlichung dieses Buches sind einige Jahre vergangen und Photoshop hat an mancher Stelle nachgebessert oder neue Funktionen integriert. Das gab mir den Anlass, dieses Buch zu überarbeiten und teilweise mit neuen Screenshots zu versehen.

Sollten neue Funktionen hinzugekommen sein, die für die Bildbearbeitung wirklich relevant sind, habe ich hoffentlich alle berücksichtigt. Ansonsten können Sie gerne über kuhlmann@edvart.de mit mir Kontakt aufnehmen.

Trotzdem mein Hinweis: Es muss nicht die neueste Version von Photoshop sein, um Bilder zu verbessern! Die grundlegenden Funktionen sind bereits seit Version 7 von Photoshop enthalten. Das war ca. 2003.

Inhaltsverzeichnis

Photoshop in 7 Lektionen 1
Einleitung und Anmerkungen zur neuen Auflage 3
Inhaltsverzeichnis 5
1. Grundsätzliches 7
    Der Aufbau von Photoshop 8
    Aufbau einer digitalen Bilddatei 10
    Auflösung (DPI) 11
    Farbkanäle / Farbraum 15
    Farbtiefe 16
    Farbprofil / Farbraum 17
    Pixel-Vektor 18
    Alle Einstellungen im Überblick 20
2. Bild-Verbesserungen 22
    Schärfen 23
    Tonwertkorrektur 25
    Gradationskurve 30
    Farbton / Sättigung 31
    Korrekturen mit Einstellungsebenen 33
3. Bild-Anpassungen 35
    Bildgröße ändern 35
    Arbeitsfläche ändern 37
    Auswahlrechteck-Werkzeug 39
    Freistellungswerkzeug 40
    Gerade ausrichten des Horizontes 42
4. Auswahl 45
    Auswahlwerkzeuge 45
    Objekt-Auswahl-Werkzeug 46
    Maskierung 48

Auswahl zur Freistellung von Motiven 51

Eine Auswahl mit Alpha-Kanal 52

5. Ebenen 54

Allgemein 54

6. Störungen entfernen 59

Fussel auf der Linse 59

Hautunreinheiten entfernen 61

Korrekturen von Objektiv-Verzerrungen 64

7. Bilddatei-Formate 65

Druck-Dateien 67

Web-Formate 69

Austausch-Formate 74

Zum Abschluss: Wie sieht ein üblicher Ablauf der Bildbearbeitung aus? 75

Rechtliches 77

1. Grundsätzliches

Bevor wir über die wichtigsten Dinge in der Bildbearbeitung sprechen, noch ein paar einführende Worte. Es gibt leider immer wieder Situationen, wo entweder Ihr Kunde sagt oder sie selbst denken „das richte ich später sowieso mit Photoshop". So kommt es, dass Sie später am Computer sitzen und feststellen, dass eine Verbesserung mit dem Programm eben doch nicht so einfach ist.

Deshalb hier mein erster und wichtigster Ratschlag: Machen Sie viele Fotos mit unterschiedlichen Einstellungen und überprüfen diese gleich an einem großen Monitor. Das kleine Display an der Kamera kann schnell ein scharfes Bild vorgaukeln. Später sieht man erst, dass es unscharf ist – und dann ist es normalerweise zu spät.

Wenn Sie für Freunde oder gar Kunden Bilder bearbeiten sollen, scheuen Sie sich nicht davor zu sagen, dass man es lieber gleich neu fotografieren soll. Ganz besonders dann, wenn es unscharf und oder unterbelichtet ist.

Wir lernen: Aus schlechtem Ausgangsmaterial lässt sich kein Meisterstück machen.

Ein weiteres Problem besteht beim Druck eines Fotos auf einer sehr großen Fläche. Bildbearbeitungssoftware (und auch Photoshop) ist in der Lage, das Bild auf eine beliebige Größe zu skalieren. Doch das Ergebnis wird Sie ernüchtern. Es wird unscharf und verwaschen sein.

Wir lernen: Eine Vergrößerung von Bildmaterial sollte man tunlichst vermeiden.

Der Aufbau von Photoshop

Bevor wir in die Grundlagen zur Bildbearbeitung einsteigen noch ein paar Anmerkungen zum Umgang mit Photoshop. Wenn Sie das Programm geöffnet haben, sehen Sie links die Werkzeugleiste (1), rechts eine Leiste mit Symbolen und / oder Registerkarten, auch Fenster bzw. Bedienfelder genannt, (2), oben horizontal die Menüleiste (3) und darunter die Optionsleiste (4). In der Mitte befindet sich die eigentliche Bilddatei (sofern Sie eine Datei geöffnet haben).

Photoshop-Übersicht

Aus der Werkzeugleiste können Sie je nach Art der erforderlichen Bearbeitung das entsprechende Werkzeug auswählen. Ganz oben zum Beispiel das Bewegen-Werkzeug. Damit können Sie Bild-Elemente, die auf einer Ebene liegen, verschieben.

Neu in Photoshop: Nun können Sie anhand einer kleinen Animation erkennen wozu das Werkzeug benutzt werden kann. Verharren Sie kurz mit der Maus über einem Werkzeug (zum Beispiel der Pipette) und es öffnet sich ein kleiner Film mit Erklärung der Funktion:

Kleine Vorschau zur Funktionsweise des Werkzeugs am Beispiel Pipette

Diese Leiste wurde im neuen Photoshop noch an einer anderen Stelle ergänzt. Am Ende bzw. unten sehen Sie ein Symbol mit drei Punkten. Mit Klick darauf und gedrückter Maustaste sehen Sie einen Überblick von Werkzeugen, die nicht in der Leiste sichtbar sind. Photoshop hat damit eine Vorauswahl von beliebten Werkzeugen getroffen. Mit Klick auf den ersten Eintrag „Symbolleiste bearbeiten" können Sie Ihre eigene Auswahl treffen.

Zusätzlich zum gewählten Werkzeug gibt es noch die Optionsleiste (oben waagerecht unter der Menüleiste), über die man Einstellungen dazu vornehmen kann.

Aus der Spalte rechts kann man diverse andere Dinge steuern: Ebenen anlegen, die Zoomstufe ändern, Kanäle betrachten, Korrekturen vornehmen und vieles mehr. Sollten Sie eine bestimmte Funktion vermissen, schauen Sie oben im Menü unter dem Punkt „Fenster" nach. Dort finden Sie eine Auflistung aller vorhandenen Funktionen.

Der rechte Bereich kann übrigens bezogen auf den Kontext geändert werden. Rufen Sie dafür im Menü „Fenster" -> „Arbeitsbereich" auf und wählen zwischen „Grundelemente, 3D, Bewegung, Malen, Fotografie sowie Grafik und Web". Im dargestellten Screenshot auf den vorigen Seiten ist der Arbeitsbereich Fotografie gewählt. Es werden also nur Fenster gezeigt, die zur Bearbeitung von Bildern notwendig sind.

Zugegeben, wenn man als Einsteiger diese ganzen Möglichkeiten sieht, ist man erstmal erschlagen. Doch keine Sorge, wir lernen hier Schritt für Schritt nur die wichtigsten Dinge kennen. Vieles ist nämlich für die Bildbearbeitung gar nicht von Belang.

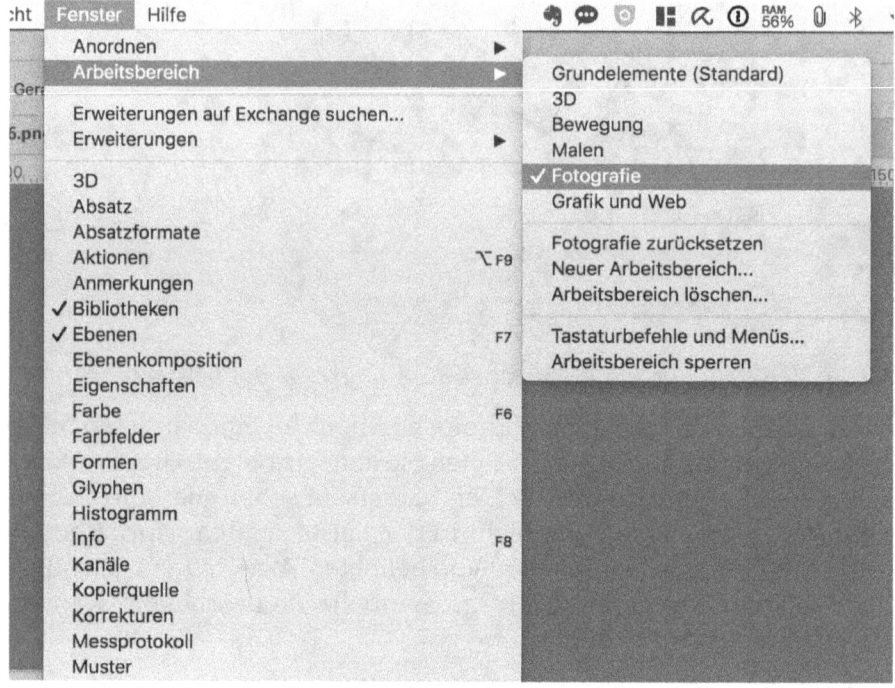

Fenster zum Thema Fotografie werden dargestellt

Aufbau einer digitalen Bilddatei

Kommen wir nun zum wesentlichen in der Bildbearbeitung, dem digitalen Bild. Wenn wir heute von einer digitalen Bilddatei sprechen, handelt es sich in der Regel um ein Produkt einer digitalen Kamera. Diese Datei hat abhängig von der Sensorgröße der Kamera und des gewählten Auflösungsformats eine gewisse Abmessung.

Letztere wird in Pixeln angegeben. Jeder Pixel enthält dabei eine Farbinformation zusammen gesetzt aus Werten von Rot, Grün und Blau. Ein Pixel ist immer quadratisch (in der Fotografie – aber nicht unbedingt im Film), daher sind digitale Fotos und Bilder immer waagerecht.

Normalerweise sieht man diese Pixel nicht einzeln, da wir mit dem Auge niemals so dicht an ein Foto heranzoomen können. Mit einer Lupe oder eine Vergrößerungsfunktion innerhalb von Photoshop ist das dann allemal möglich. In der Praxis wollen wir diese Pixel natürlich nicht sehen, sondern es soll ein möglichst natürliches Bild ausgegeben werden.

Sollte man in einem Foto diese Pixel trotzdem sehen, so wurde das Bild entweder zu stark vergrößert und dann ausgedruckt oder das Bildmaterial wurde zu extrem komprimiert. Letzteres kommt vor, wenn wir eine Bilddatei im JPG-Format speichern und die Qualitätsstufe zu gering wählen.

Beides klären wir noch ausführlicher im Kapitel Bildabmessungen und Dateiformate.

Auflösung (DPI)

Wie wir nun wissen ist eine digitale Bilddatei aus einzelnen Bildpunkten, den Pixeln, aufgebaut. Photoshop ist ein Programm, welches diese Pixel bearbeiten kann. Es arbeitet sozusagen pixelbezogen.

Wenn Sie das Lupenwerkzeug einsetzen, können Sie sich so stark heranzoomen, dass Sie tatsächlich jeden einzelnen Bildpunkt sehen und bearbeiten könnten. Doch tun Sie das bitte nicht, denn ansonsten verlieren Sie den Gesamteindruck des Bildes aus den Augen.

Den Begriff Auflösung finden wir in Photoshop im Menüpunkt „Bildgröße" (versteckt im Menü „Bild").

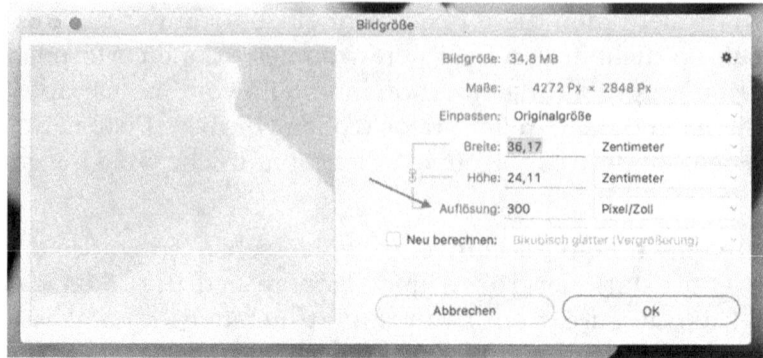

Bildgröße und Auflösung

Die Einheit der Auflösung wird in Pixel pro Zoll angeben; im englischen wird daraus „Dots per Inch" (DPI). Im metrischen Maß bedeuten das Bildpunkte pro 2,54 cm (1 Zoll ist/sind gleich 2,54 cm).

Doch was bedeutet Auflösung nun genau für die Praxis? Die Auflösung ist für Photoshop meistens unwichtig, da das Programm nur mit den Pixeln arbeitet. Wichtig wird sie erst, wenn wir unser Bild in irgendeiner Form ausdrucken wollen. Beim Druck wird nämlich entschieden wie viele Bildpunkte auf 2,54 cm Länge ausgegeben werden sollen. Wählen wir da einen zu geringen Wert, werden die Punkte erkennbar sein, weil sie größer ausgegeben werden.

Wir müssen also wissen, welche Auflösung zu einem guten Druckbild reicht. Wenn wir von normalen Fotos ausgehen, sind 300 DPI ein guter Richtwert. Es können auch schon mal nur 200 DPI gewählt werden, solange das Bild keine diagonalen Linien (wie zum Beispiel in der Architektur-Fotografie) enthält. Schräge Kanten, die vor einem kontrastreichen Hintergrund liegen, können vom Auge schnell als pixelig erkannt werden, weil Pixel eben nur gerade bzw. waagerecht liegen können.

Achtung: Kommen Sie bitte nicht in Versuch und stellen die Einheit von pixel/zoll auf pixel/cm um! Photoshop bietet diese Möglichkeit, doch auch wenn wir in Europa vorwiegend mit dem metrischen Maß arbeiten, gilt dies nicht für die Auflösung!

Vergrößerte diagonale Linie

Mit einer hohen Auflösung von 300 Pixeln pro Zoll wird das Bild eine kleinere Druckgröße haben als mit einer geringen Auflösung von zum Beispiel 150 Pixeln pro Zoll.

Übrigens wird bei einer Auflösungs-Halbierung das Bild flächenmäßig nicht verdoppelt, sondern vervierfacht:

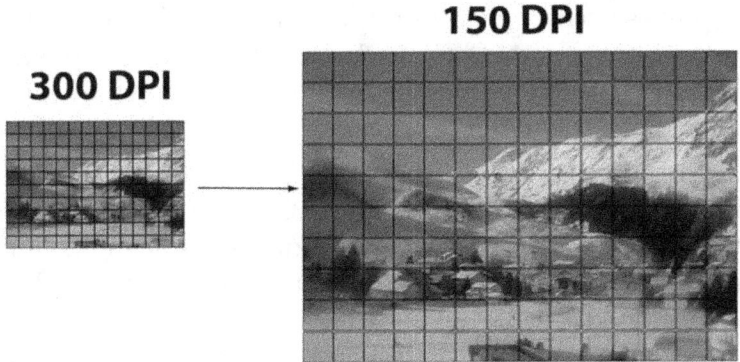

Stark vereinfachtes Pixelraster von 300 DPI zu 150 DPI

Was aus diesem Menü aber nicht hervorgeht ist, dass Photoshop die gewählte Auflösung eigentlich ganz egal ist wie oben schon beschrieben. Probieren Sie es ruhig aus, wenn Sie die Auflösung ändern und mit OK bestätigen, wird Ihr Bild keine Größen-Änderung am Monitor erfahren.

Doch Achtung, Sie sollten unbedingt den Haken bei „Neu berechnen" entfernen. Ansonsten würde Photoshop bei der Änderung der Auflösung Pixel hinzurechnen, um die neue Auflösung zu erfüllen. Diese neuen Bildpunkte sind jedoch niemals so detailgetreu wie ein Original-Bild in dieser Größe wäre.

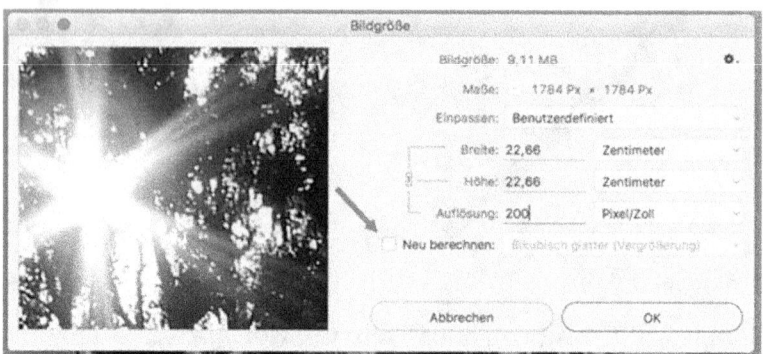

Neu berechnen der Bildgröße (s.a. Seite 32)

Photoshops Bildgrößen-Menü lässt sich übrigens wunderbar dazu nutzen, um festzustellen wie groß das Foto später maximal gedruckt werden kann. Entfernen Sie dafür den Haken bei „Neu berechnen" (wenn nicht sowieso schon getan) und tragen bei Auflösung unterschiedliche Werte ein. Zuerst fangen wir mit 300 DPI an, dem Standardwert für gute Druckqualität. Sie sehen wie Photoshop Breite und Höhe automatisch anpasst.

Dann verringern Sie den Auflösungs-Wert weiter bis Sie zu einer Ausgabegröße gekommen sind, die für Ihre Belange richtig ist. Sollte dieser Wert noch bei 200 DPI liegen, reicht dies meistens noch aus, um das Bild drucken zu können, ohne dass man die einzelnen Pixel erkennt.

Andersrum können Sie natürlich auch vorgehen. Tragen Sie dafür die Abmessungen ein, die Sie benötigen. Zum Beispiel wissen Sie, dass Sie eine Breite von 12 cm benötigen. Füllen Sie das Feld Breite mit dem entsprechenden Wert und Photoshop wird Höhe und Auflösung entsprechend errechnen. Ist die Auflösung noch größer als 200 DPI oder sogar noch besser bei 300 DPI ist alles in Ordnung.

Wie wir Bild- und Arbeitsflächengröße und Bildausschnitte verändern lernen wir übrigens noch genauer in einem späteren Kapitel.

Wir lernen: Die Auflösung ist nur für den Druck relevant und sollte zwischen 200 und 300 DPI liegen.

Ausnahme ist der Druck von Plakaten – bei so großen Abmessungen würde diese Auflösung zu viel zu großen Dateien führen. Auch könnten Fotos in dieser Größe nur mit sehr teuren bzw. großen Kamera-Sensoren erfasst werden. Daher reichen in diesem Fall auch 100 DPI oder weniger. Sprechen Sie mit Ihrer Druckerei, welche Auflösung empfohlen wird.

Farbkanäle / Farbraum

Wie schon erwähnt, besteht ein Pixel aus verschiedenen Farben, die uns dann eine einzige Farbe simulieren sollen. Die einzelnen Farben nennt man Farbkanäle. Abhängig davon mit welchem Farbmodell man arbeitet, können es unterschiedlich viele sein. Die wichtigsten sind RGB (Rot, Grün, Blau) und CMYK (Cyan, Magenta, Yellow, Key/BlacK).

In der digitalen Fotografie und der Bildbearbeitung wird man normalerweise hauptsächlich mit RGB zu tun haben, da die digitale Kamera oder der Scanner immer RGB-Daten liefert. Erst bei der Umwandlung für den professionellen Druck, wird CMYK ins Spiel kommen. Fangen wir daher mit den Farbkanälen RGB an.

Der Begriff Kanal wird in Photoshop selbst auch benutzt. Sie finden dafür einen Extra-Menü-Eintrag (Fenster - Kanäle). Auch in der Registerkarte des geöffneten Dokumentes wird er angezeigt.

Kanäle in Photoshop

Einen Kanal kann man sich vorstellen wie ein Filter, der über dem gesamten Bild liegt. Dieser Filter lässt Farbe durch, blockiert sie völlig oder nur teilweise. Wenn Sie sich zum Beispiel den Rot-Kanal einer geöffneten Datei in Photoshop ansehen, erkennen Sie schwarze, weiße und graue Flächen. Weiße Stellen bedeuten, dass hier Rot komplett wiedergegeben wird. Es wird also nicht gefiltert. Schwarz blockiert den Rot-Anteil und grau lässt die Farbe nur anteilig hindurch.

Dies geschieht für jede Farbe einzeln und in der Summe entstehen dadurch verschiedene Farben an verschiedenen Stellen des Bildes.

RGB sind übrigens sogenannte Lichtfarben, das bedeutet, dass wir die Farbe Weiß erhalten, wenn wir Rot, Grün und Blau mit vollem Anteil übereinanderlegen. Schwarz entsteht, wenn wir gar keine Farbe hinzufügen.

Ich vergleiche es gern mit Lichtschalter an und Lichtschalter aus.

In der Praxis sind die Kanäle für den normalen Umgang mit Photoshop erstmal nicht von Bedeutung. Später könnte man sie hinzuziehen, wenn man Objekte freistellen möchte.

Jede Farbe kann Werte zwischen 0 und 255 annehmen. Wir kommen damit auf eine Farbpalette mit 256 * 256 * 256 =16,7 Millionen Farben (s.a. Farbtiefe).

Wir lernen: Die Kanäle sind für die Farbanteile im Bild verantwortlich, für die Bild-Bearbeitung aber vorerst unwichtig.

Farbtiefe

Mit dem Begriff Farbtiefe ist die Anzahl der Farben gemeint. Diese Anzahl wird in Bit gemessen. Wenn wir also lesen, dass eine Kamera oder Scanner über eine Farbtiefe von 24 Bit verfügt, dann bedeutet das, dass das Gerät 2 hoch 24 verschiedene Farben abbilden kann. Das sind 16.777.216, also über 16 Millionen Farben.

Moderne Geräte können durchaus noch mehr Farben erfassen. 48 Bit sind schon nichts Besonderes mehr.

Wir kommen damit in Bereiche, die sich im Druck nicht mehr darstellen lassen. Eine sehr hohe Farbtiefe ist für ein gutes Bild also nicht unbedingt erforderlich. Profis arbeiten hingegen sehr gerne mit einer hohen Farbtiefe, weil man damit wirklich das Maximum aus dem Bild herausholen kann. Für den Amateur und Anfänger ist dies aber nicht notwendig.

Photoshop arbeitet immer automatisch in der Farbtiefe wie es die Bilddatei vorgibt. Dabei zeigt das Programm diesen Wert immer pro Farbkanal in der Registerkarte an. Im Farbmodus RGB also für jede Farbe 8 Bit.

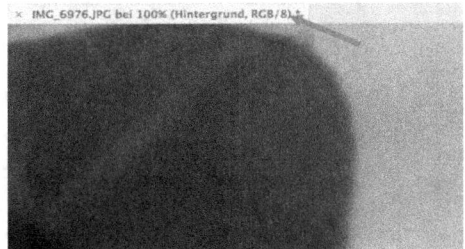

8 Bit pro Kanal

Wir lernen: Die Farbtiefe gibt an wie viele Farben zur Verfügung stehen.

Farbprofil / Farbraum

Sie können sich bestimmt noch an den Schreibwarenhandel in der Schulzeit erinnern? Dort konnte man aus verschiedenen Farbpaletten wählen. Ein Set Filzmaler mit 10, 30 oder sogar 50 verschiedenen Farben gab es im Angebot. Heute sind es wahrscheinlich noch mehr.

Wenn man nun zwei Sets mit der gleichen Anzahl von Farben aber von unterschiedlichen Herstellern anschaut, wird man schnell feststellen, dass es zwar ähnliche Farben gibt, aber selten exakt identische.

So kann man sich auch Farbprofile vorstellen. Das bekannteste Farbprofil „sRGB" mit 24 Bit (also über 16 Millionen Farben) hat andere Farben als das Farbprofil „Adobe RGB". Wenn man sich also für ein Farbprofil entscheidet, legt man sich auch für eine bestimmte Farbpalette fest.

An der digitalen Kamera lässt sich das Farbprofil übrigens einstellen; normalerweise ist immer sRGB aktiv. In der Praxis sollte man allerdings eher das „Adobe RGB"-Profil wählen, da es grüne und blaue Töne besser erfasst. Sie lassen sich auch später besser in Druckfarben überführen.

Photoshop wird diesen Farbraum automatisch erkennen, wenn die Bilddatei so angelegt worden ist. In bestimmten Situationen wird das Programm auch darauf hinweisen, dass jetzt mit einem anderen Profil als üblich gearbeitet wird.

Wir lernen: Das Farbprofil entscheidet über die Farbzusammensetzung.

Pixel-Vektor

Wie eingangs so schon erwähnt, arbeitet Photoshop (und jedes andere Bildbearbeitungsprogramm) mit Pixeln. Doch Photoshop kann auch mit Vektoren umgehen. Vektoren sind eigentlich Linien, die mathematisch berechnet werden. Im Mathematik-Unterricht gab es ja auch die Vektor-Rechnung. Aber keine Sorge, wir müssen hier nichts berechnen. Das macht das Programm automatisch für uns.

Vektor-Werkzeuge finden wir in der Werkzeugleiste in der Gruppe mit dem großen „T". Übrigens: In Photoshop 2020 sind keine Trennstriche mehr zwischen den Werkzeuggruppen und das Strichwerkzeug wurde ausgegliedert.

Werkzeugleiste „Vektor-Werkzeuge"

In der Bildbearbeitung werden normalerweise keine Vektoren eingesetzt. Sie könnten zum Einsatz kommen, um Objekte mit klaren scharfen Kanten freizustellen oder wenn man Text zum Bild schreiben möchte. Alles Dinge, die mit der normalen Bildverbesserung nichts zu tun haben.

Trotzdem erkläre ich kurz den Vorteil von Vektoren. Diese können nämlich beliebig vergrößert werden, ohne dass die Qualität darunter leidet.

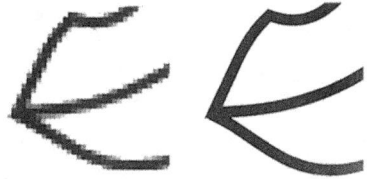

Pixel und Vektor nach einer Vergrößerung – es gibt deutliche Qualitätsunterschiede

Ein Vektor wird durch ein Koordinatensystem, Punkte und Verbindungsinformation erzeugt:

Punkt 1 auf 1 / 1

Punkt 2 auf 2 / 4

Punkt 3 auf 7 / 2

Verbindungsart: Durchgezogenen Linie in schwarz.

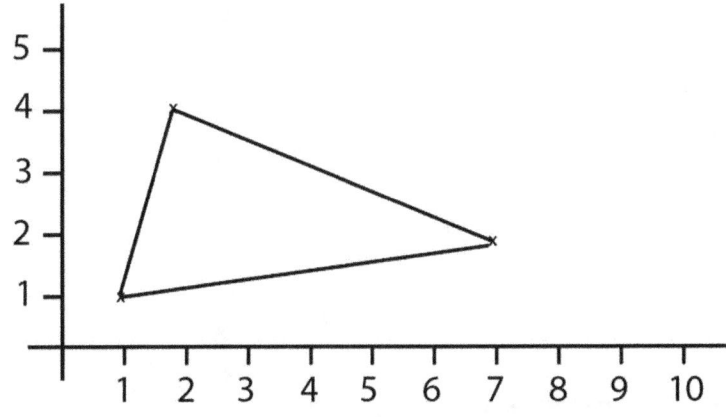

Koordinatensystem

Allerdings ist in Photoshop die Vektor-Funktion nur übergestülpt, da im Programm immer ein Pixel-Raster festgelegt ist (durch die Anzahl der Pixel in Breite und Höhe). Über diesem Raster liegt dann der Vektor.

Anders ist es bei Illustrator. Dieses Programm von Adobe hat als Basis eine pixelunabhängige Größe.

Wir lernen: Mit Vektoren kann man beliebige Vergrößerungen machen, ohne dass die Qualität darunter leidet. In Photoshop lässt sich das aber leider nur bedingt nutzen.

Alle Einstellungen im Überblick

Eine gute Möglichkeit über die wesentlichen Dinge des Bildaufbaus zu sehen, erfolgt über das Erstellen einer neuen Datei. Diesen Schritt macht man in Photoshop zwar normalerweise nur, wenn man eine Kollage anlegen möchte. In der normalen Bildbearbeitung ist dieser Vorgang unnötig.

Wenn man nun über STRG + N oder „Datei" - „Neu" diese Funktion aufruft, erscheint ein Menü-Fenster mit allen Dingen, die für die Bilddatei von Bedeutung sind: Bildabmessungen, Auflösung, Farbtiefe und Farbprofil.

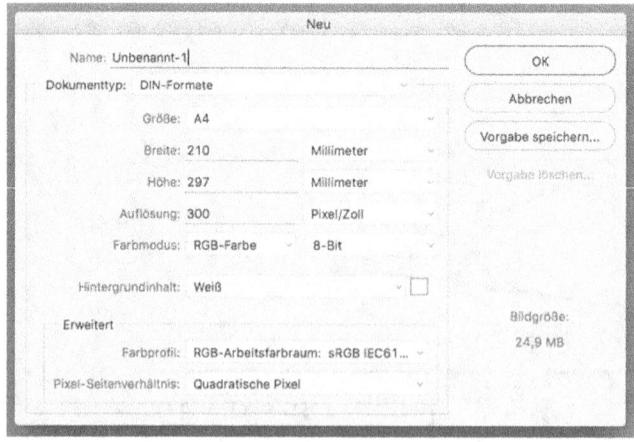

Alle bildrelevanten Einstellungen

In neueren Versionen von Photoshop ist im Dialog für eine neue Datei deutlich mehr hinzugekommen. Doch rechts finden wir die gewohnten Informationen wieder.

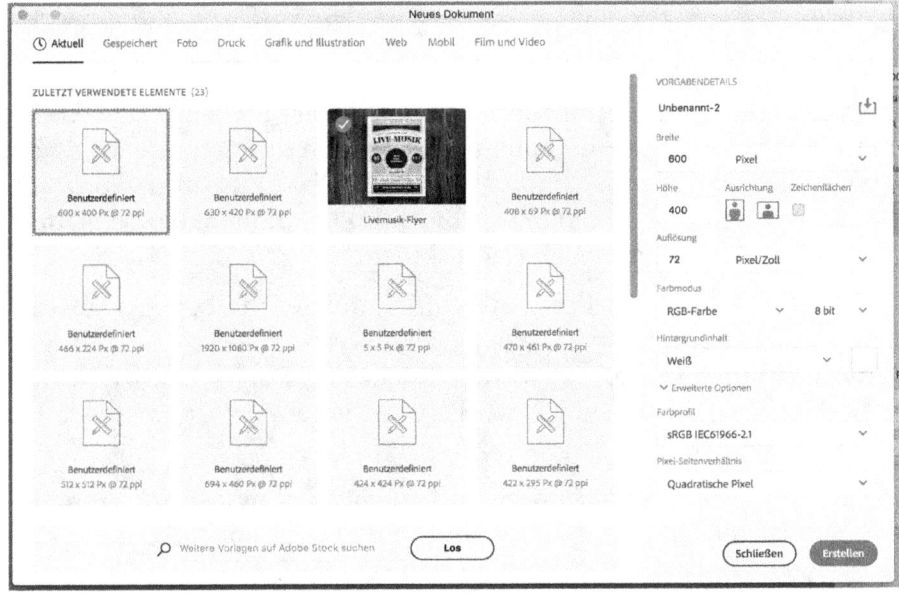

Rechts die üblichen Einstellungen für eine Bilddatei

Die einzige Neuerung ist die Checkbox „Zeichenflächen". Wenn Sie diese aktivieren, können Sie in einem Dokument/Datei mehre Bilder in unterschiedlichen Abmessungen erzeugen. So kann eine Zeichenfläche für das Webdesign benutzt werden, eine andere für die Visitenkarte, eine für das Logo und so haben Sie in einer Datei Ihre gesamte Geschäftsausstattung. In der Praxis wird dies aber nie eingesetzt. Zumindest kenne ich keine Designagentur, die diese Funktion benutzt.

Wenn Sie Ideen aus der Cloud von Adobe Creative benutzen wollen, klicken Sie oben auf die Rubrik und wählen aus den vielen Vorlagen. Manche davon sind sogar gratis.

2. Bild-Verbesserungen

Bevor wir zu den einzelnen Kapiteln der Bildverbesserungen kommen, noch ein paar Hinweise vorab:

1. Arbeiten Sie mindestens in der 100%-Ansicht. Wenn Sie sich aus dem Bild heraus gezoomt haben, um wirklich das gesamte Motiv sehen zu können, blendet Photoshop dafür Pixel aus. In der Bearbeitung werden ausgeblendeten Bildpunkte dann aber trotzdem verändert. Allerdings sehen wir das nicht.

Achten Sie auf das Fenster „Navigator", dort wird über eine Prozentangabe die Zoomstufe angezeigt. 50% bedeutet also, dass nur 50% aller Bildpunkte angezeigt werden. Über den Regler können Sie auf 100% oder mehr wechseln. Natürlich können Sie die Zoomstufe auch direkt eingeben.

Alternativ sehen Sie die Zoomstufe auch oben in der Registerkarte zur geöffneten Datei und unten links am Programm-Rand.

Navigator mit Zoomstufe

Übrigens: Mit den Tastaturbefehlen „STRG" + „+" bzw. „STRG" + „–" können Sie bequem rein- und rauszoomen (Mac-Anwender benutzen bitte „CMD" statt „STRG"). Natürlich kann man auch das Lupenwerkzeug verwenden.

2. Stellen Sie den Farb-Modus nicht von RGB auf CMYK um; auch wenn Sie wissen, dass das Foto später gedruckt werden soll.

Arbeiten Sie so lange wie möglich im RGB-Modus.

Erst wenn Sie wissen auf welchem Papier später gedruckt wird, wählen Sie das entsprechende CMYK-Profil dafür aus.

Sie wissen nicht welches Papier und welches CMYK-Profil?

Dann belassen Sie es lieber gleich bei RGB. Ihr Drucker zuhause und im Büro wird vermutlich die Umwandlung selbst übernehmen (ohne dass Sie es merken). Auch die Online-Druckerei und die Drogerie nebenan, nimmt gerne Ihre RGB-Daten an. Dort ist nur die Auflösung wichtig.

3. Achten Sie beim Fotografieren darauf, dass Kanten wirklich waagerecht und senkrecht erfasst werden. Mit anderen Worten: halten Sie die Kamera nicht schief! Später kann man Bildmaterial zwar wieder gerade ausrichten, doch das geht zu Lasten der Bildqualität.

4. Beim Arbeiten mit den Werkzeugen sollten Sie immer die Optionsleiste im Blick haben. Hier gibt es oft Haken oder Einstellungen, die einem den Umgang erleichtern oder Zusatzmöglichkeiten eröffnen. Die Leiste befindet oben waagerecht unter der Menüleiste.

5. Öffnen Sie das Protokoll-Fenster – hier haben Sie immer einen Überblick über die letzten 20 gemachten Schritte. Sie können sogar in die Vergangenheit zurückgehen und Arbeitsschritte rückgängig machen. Doch Achtung, das Protokoll ist sitzungsabhängig; das heißt, dass es nach dem Schließen und erneuten Öffnen der Datei nicht mehr sichtbar ist.

Das Protokoll ist erreichbar über die Menüleiste „Fenster" – „Protokoll".

Schärfen

Jede Art der Bildbearbeitung verändert die Lage oder Farbe der Bildpixel. Meistens hat das einen schlechten Einfluss auf die Schärfe des Bildes. Daher sollten Sie am Ende der Korrektur einen Schärfe-Filter einsetzen.

Auch bei unbearbeiteten Fotos, die direkt von der Kamera kommen, ist ein Nachschärfen nie verkehrt.

Benutzen Sie dafür den Filter „Unscharf Maskieren" (Menü „Filter" - „Scharfzeichnungsfilter" - „Unscharf Maskieren") mit folgenden Werten:

- Personen: Stärke 150 %, Radius 1, Schwellenwert 10
- Stadtbilder, urbane Fotografie oder Reisebilder: Stärke 65 %, Radius 3, Schwellenwert 2
- Für den Alltagsgebrauch: Stärke 120 %, Radius 1, Schwellenwert 3
- Zum Superschärfen (Sportfotos, Landschaften, Dinge mit vielen Details): Stärke 95 %, Radius 1,5, Schwellenwert: 1
- Für Bilder, die man fürs Web verkleinert hat: Stärke 85 %, Radius 1, Schwellenwert 4

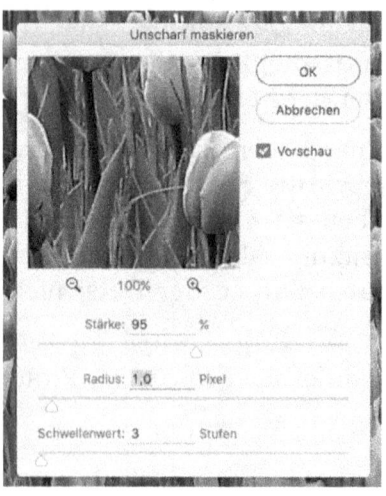

Unscharf Maskieren

Was bedeuten denn Stärke, Radius und Schwellenwert?

Der Filter verändert die Pixel, indem er benachbarte Pixel analysiert und den Kontrast davon erhöht. Dadurch wird ein Scharfzeichnen erreicht.

Die Stärke steuert wie stark dieser Unterschied werden soll. Ein Beispiel: Ein grauer Punkt liegt neben einem hellgrauen Punkt. Der graue wird dunkler, der hellgraue wird heller. Bei sehr hoher Stärke wird der graue Punkt schwarz, der hellgraue weiß.

Mit dem Radius wählt man einen Bereich aus, der verändert wird. Je größer, desto mehr Details gehen verloren. Daher ist der Radiuswert selten größer als 1,5.

Der Schwellenwert beschreibt, ab welcher Helligkeitsdifferenz Pixel überhaupt verändert werden. Bei dem höchsten Wert von 255, verändert sich im Bild gar nichts mehr.

Photoshop hat noch viele andere Scharfzeichnungsfilter im Angebot, doch der hier genannte ist immer noch der Beste. Jeder Profi setzt nur diesen ein.

Wir lernen: Eine Schärfung des Bildmaterials sollte immer vorgenommen werden – auch bei Fotos, die keine Korrektur benötigten.

Tonwertkorrektur

Kommen wir nun zur ersten Korrektur, die eine deutlich sichtbare Verbesserung des Bildes erreicht. Mit der Tonwertkorrektur werden wir in der Lage sein, 80 Prozent der Bildbearbeitung abzudecken. Manchmal reicht sogar nur dieser Schritt, um zu einem guten Bild zu kommen. Alles andere ist dann überflüssig.

Rufen Sie die Tonwertkorrektur über das Fenster „Korrekturen" auf.

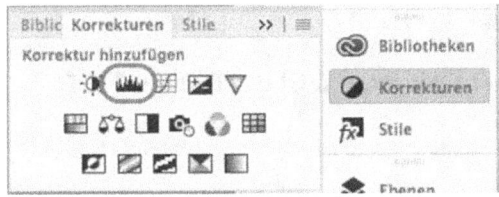

Korrekturen – wir wählen die Tonwertkorrektur

Anschließend sehen Sie ein Fenster mit einer Kurve und drei kleinen Dreiecken darunter. Die Kurve stellt eine Tonwertverteilung dar. Man nennt es in Fachkreisen auch das Histogramm. Für jeden Punkt im Bild gibt es einen Punkt im Histogramm. Ist dieser Punkt schwarz (sehr dunkel) wird er links eingetragen, ist er weiß wird er rechts eingetragen. Mittlere Töne kommen in die Mitte.

Hinweis: Vor einer Bildbearbeitung können Sie das Fenster „Histogramm" öffnen und sich vorab ein Bild von der Verteilung der Helligkeitswerte machen. Im Histogramm ist es aber nicht möglich, eine Anpassung vorzunehmen. Es ist sozusagen nur ein Informations-Fenster. Änderungen sind über Farbkorrekturen wie der Tonwertkorrektur möglich.

Bei einer Fotografie mit einer Schneelandschaft wird man also ein Histogramm erhalten, in dem die meisten Punkte rechts liegen. Bei Nachtaufnahme sind die Punkte größtenteils links im Histogramm.

Histogramm Schneebild

Wann muss ich denn nun die Tonwertkorrektur einsetzen?

Das Histogramm zeigt uns nicht nur, ob das Bild eher dunkel oder eher hell ist, es zeigt uns auch, ob wir denn das gesamte Spektrum an Farben ausnutzen. In manchen Fällen hat das Bild nämlich weder weiße und oder noch schwarze Stellen. Meistens ist das jedoch nicht gewünscht. Unsere Kamera versucht nämlich automatisch von hell bis dunkel alles abzudecken.

Schauen Sie sich folgendes Bild an.

Fischotter – ist wirklich Schwarz vorhanden?

Sind dort Schwarz und Weiß vertreten? Man möchte meinen, dass dem so ist. Doch ein Blick auf das Histogramm sagt was Anderes. Weder komplett Schwarz noch ein reines Weiß sind im Bild vorhanden, da die Tonwertverteilung erst bei ca. 10 anfängt und bei ca. 225 aufhört:

Das Histogramm in der Tonwertkorrektur sagt nein

Über die Tonwertkorrektur haben wir nun die Möglichkeit diese Tonwerte so zu verschieben, dass das komplette Farbspektrum ausgenutzt wird. Dafür gibt es drei kleine Anfasser-Punkte unterhalb des Histogramms.

Die äußeren ziehen wir nun an den Beginn bzw. das Ende des Histogramms, aber für jeden Farbkanal einzeln! Im oberen Bild sehen Sie die Kanäle mit dem Eintrag RGB (oberer roter Pfeil). Lassen Sie sich nicht davon irritieren, dass anfangs das Bild einen Farbstich bekommt. Wenn Sie diese Schritte für alle Kanäle gemacht haben, ist zum Ende wieder alles in Ordnung.

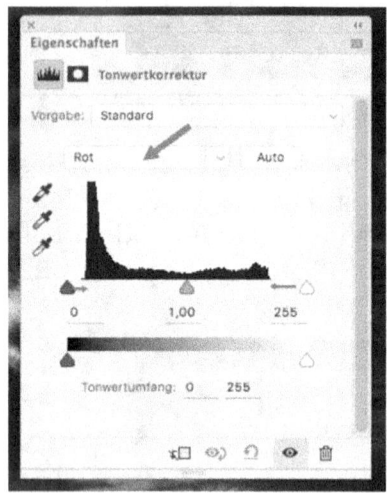

Korrektur pro Kanal – hier der Rot-Kanal

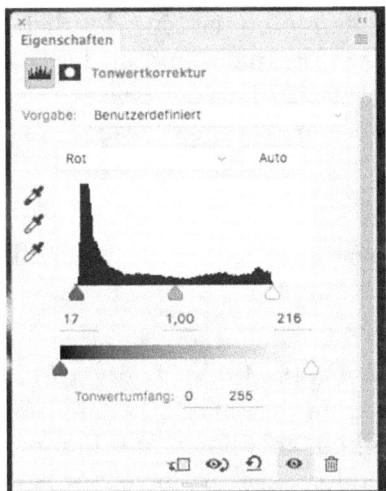

Korrigierter roter Kanal

Nachdem Sie diese Schritte bei allen drei Kanälen gemacht haben, können Sie abschließend über den mittleren Regler die Helligkeit des Bildes anpassen. Dies machen wir aber in der Zusammenfassung aller Kanäle. Hier gibt es keinen Richtwert – kontrollieren Sie einfach den Eindruck am Monitor.

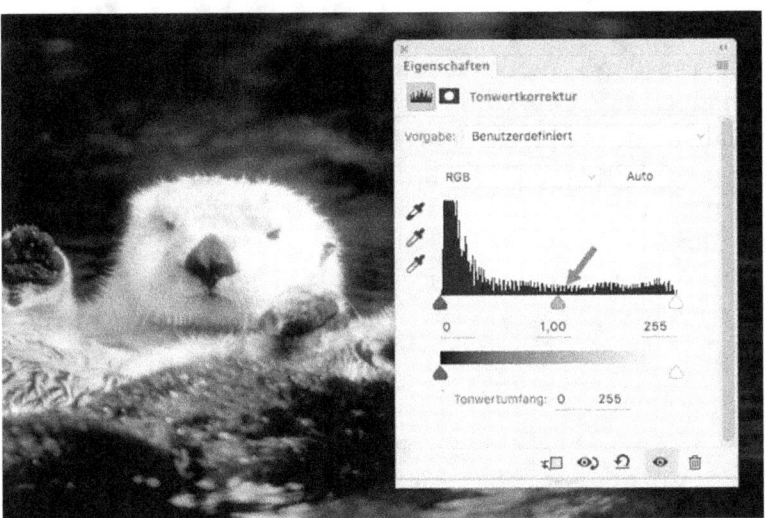

Screenshot Korrektur der Helligkeit

Wie man im Vorher-Nachher-Bild gut sehen kann, ist eine deutliche Bildverbesserung eingetreten. Dies muss jedoch nicht immer der Fall sein. Dieser Weg ist der physikalisch richtige, doch in der Praxis kann es zu vollkommen unnatürlichen Ergebnissen kommen. Also hinterfragen Sie immer Ihr Ergebnis!

Tipp: Das Vorher-Nachher-Bild können Sie schnell simulieren, indem Sie die Ebene mit der Korrektur über Klick auf das Augen-Symbol ein- und ausblenden.

An dieser Stelle noch folgender Hinweis: Bitte benutzen Sie nicht die Funktion Helligkeit und Kontrast in Photoshop. Mit der Tonwertkorrektur erzielen Sie den gleichen Effekt, ohne dass Helligkeits-Differenzen verloren gehen. Bei der Helligkeitskorrektur werden die Histogramm-Punkte nur verschoben, bei der Tonwertkorrektur harmonisch angeglichen und umverteilt.

Wir lernen: Bei fehlenden Werten im dunklen oder hellen Bereich kann eine Tonwertkorrektur erforderlich sein.

Gradationskurve

Nachdem wir mit der Tonwertkorrektur vieles verbessern konnten, kommen wir noch zur Gradationskurve (mit der man mittlerweile auch wie in der Tonwertkorrektur arbeiten kann, nur sieht das Werkzeug anders aus). Wir benutzen nun diese Kurve, um den Kontrast des Bildes zu verbessern. Dafür wählen wir einfach die entsprechende Vorgabe aus. Probieren Sie ruhig die unterschiedlichen Möglichkeiten aus. Sie können jederzeit wieder gelöscht oder zurückgesetzt werden.

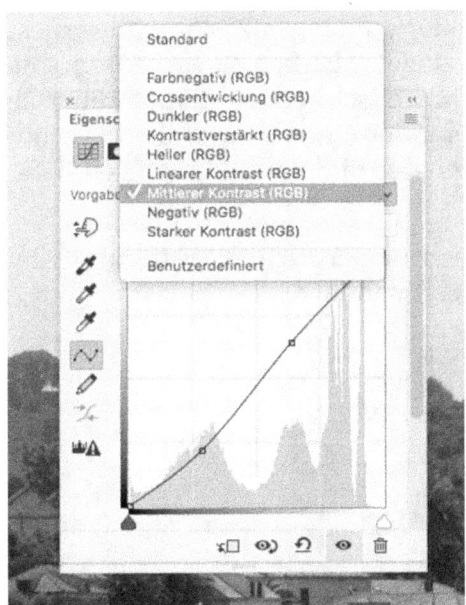

Gradationskurve Kontrast

Dieser Arbeitsschritt ist optional. Oft ist der Kontrast schon durch die Tonwertkorrektur verbessert worden. Manche Anwender kommen aber mit der Gradationskurve besser zurecht und vermeiden die Tonwertkorrektur.

In Photoshop führen grundsätzlich viele Wege zum Ziel. Es gibt nicht immer nur einen richtigen, probieren Sie also ruhig aus und wählen den für sich angenehmsten Weg.

Wir lernen: Die Gradationskurve kommt zum Einsatz, wenn man den Kontrast verbessern möchte.

Farbton / Sättigung

Nun ist das Bild helligkeits- und kontrastmäßig verbessert, doch wie sieht es mit den Farben aus? Sind sie zu kräftig oder zu blass?

Hier kommt die Sättigungs-Korrektur zum Einsatz. Wir wollen diese Korrektur nicht dazu verwenden, einzelne Farben zu verändern, sondern nur den Gesamteindruck. Theoretisch wäre es damit zum Beispiel möglich Grün in Blau zu verändern, doch wir wollen uns nur mit der Bildkorrektur und nicht mit der Bildmanipulation beschäftigen.

Daher verwenden wir hier nur den Regler für die „Sättigung" der Farbe. Entweder für alle zusammen (Standard) oder einzelne.

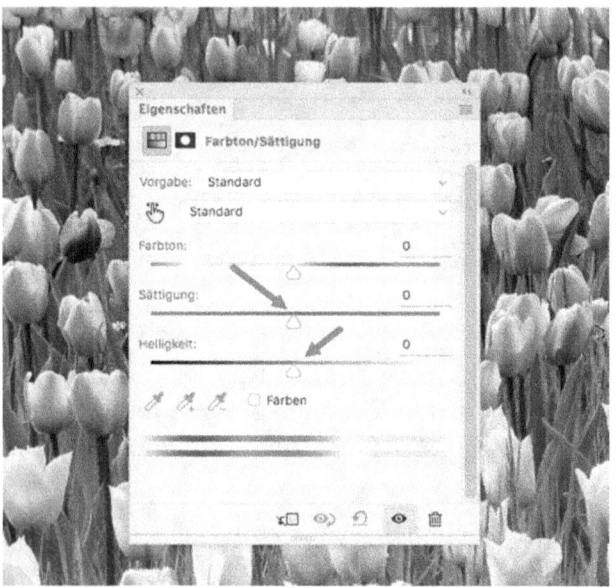

Farbton / Sättigung bzw. Sättigung und Helligkeit

Theoretisch wäre es damit möglich mit dem Wert „-100" ein Graustufenbild zu machen. Ich vergleiche die Sättigung gerne mit einem Schwamm, der entweder die ganze Farbe aufsaugt (-100) oder intensiviert (+100). Mit allen Werten über Null sollte man vorsichtig sein. Ich würde nicht höher als +30 gehen, weil ansonsten die Farben „umkippen" könnten oder zu grell und unnatürlich erscheinen. Es kommt natürlich ganz auf das Motiv und die vorhandenen Farben an.

Wir lernen: Ist das Bild zu farbintensiv oder zu schwach, kann man mit der Sättigung der Farben diesen Eindruck korrigieren.

Korrekturen mit Einstellungsebenen

Wenn Sie die oben genannten Korrekturen vorgenommen haben, erstellt Photoshop für jede Verbesserungsart eine sogenannte Einstellungsebene. Lassen Sie sich die Ebenen anzeigen über „Fenster" - „Ebenen" oder klicken Sie in der rechten Spalte in Photoshop direkt auf die Bezeichnung „Ebenen".

Ebenen und andere Fenster in der rechten Spalte von Photoshop

Einstellungsebene mit der Tonwertkorrektur

Ebenen (und auch Einstellungsebenen) haben mehrere Vorteile:

- Elemente lassen sich unabhängig voneinander verschieben.
- Elemente können über Reduzierung der Deckkraft sanft darübergelegt werden.
- Elemente können miteinander verrechnet werden (Ebenen-Modus).
- Elemente können je nach Wunsch ein- oder ausgeblendet werden.

Der genaue Umgang mit Ebenen wird im Kapitel Ebenen beschrieben.

Wir lernen: Korrekturen erzeugen automatisch Einstellungs-Ebenen, die man später weiter verfeinern kann.

3. Bild-Anpassungen

Wenn wir ein Foto gemacht haben, ist dieses nicht immer von den Abmessungen, der Ausrichtung oder dem Bildausschnitt her perfekt. Hier können wir mit Photoshop nachhelfen. Das Programm unterscheidet dort in vier Bereiche:

- Bildgröße,
- Arbeitsfläche,
- Definition eines Bildausschnitts mit dem Auswahlrechteck-Werkzeug und
- Einsatz des Freistellung-Werkzeugs.

Als fünften Punkt kann man noch das Gerade-Ausrichten mit an Bord nehmen. Hier wird das Bild waagerecht gesetzt, damit der Horizont oder ähnliches nicht schiefliegt.

Bildgröße ändern

Wie schon im ersten Kapitel beschrieben kann man über das Bildgrößen-Menü („Bild" – „Bildgröße") die Abmessungen eines Fotos verändern.

Man unterscheidet grundsätzlich in Veränderungen mit oder ohne Haken bei „neu berechnen".

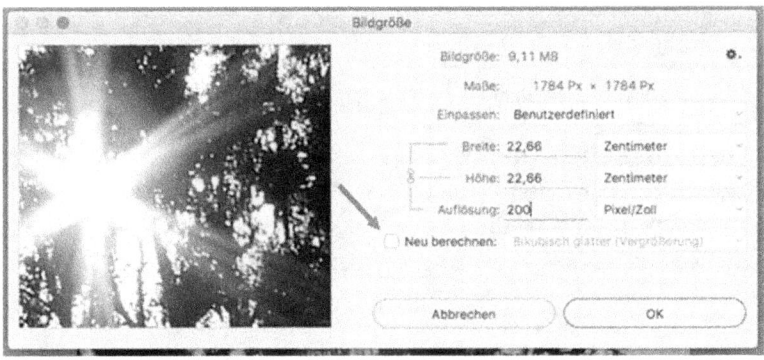

Bild neu berechnen

Ich empfehle immer, diesen Haken nicht zu setzen. Nur wenn man sein Bildmaterial verkleinern muss, dann aktiviert man diese Checkbox.

Ohne den Haken, werden durch Anpassung der Abmessung oder der Auflösung die Anzahl der Bildpixel nicht verändert. Am Monitor gibt es dadurch keine Veränderung, lediglich die Druckgröße ändert sich.

Hohe Auflösung (300 DPI): Pixel werden sehr klein gedruckt und sind nicht einzeln erkennbar (24,5 mm / 300 = 0,085 mm Kantenlänge).

Normale Auflösung (200 DPI): Pixel werden mittelgroß ausgegeben, Pixel im Normalfall kaum sichtbar (24,5 mm / 200 = 0,12 mm).

Geringe Auflösung (100 DPI): Pixel werden zu groß gedruckt, man erkennt sie im Druck (24,5 mm / 100 DPI = 0,245 mm).

Ist hingegen der Haken gesetzt, muss man sehr vorsichtig sein, dass man nicht versehentlich die Pixelmenge erhöht. Achten Sie immer darauf, dass in der ersten Zeile die neue Bilddateigröße nicht größer ist als die ursprüngliche.

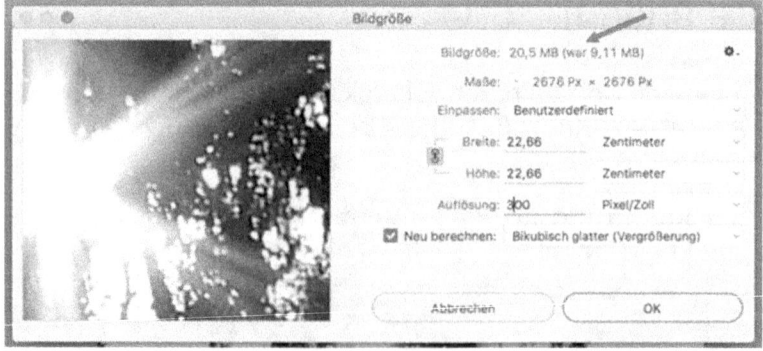

Ist die Bilddateigröße angewachsen, sollte man nicht mit OK bestätigen

Tragen Sie also die neuen (kleineren) Abmessungen ein. Die Dateigröße wird geringer und das Foto ist für den neuen Zweck skaliert. Wenn Sie noch „bikubisch schärfer für Verkleinerung" eingestellt haben, wird der Reduzierungsvorgang optimal ausgeführt.

Nach einer Verkleinerung sollten Sie übrigens trotzdem noch eine Scharfzeichnung des Bildes durchführen (siehe Kapitel Scharf zeichnen) und **vergessen Sie nicht**, das Bild bzw. die Datei unter neuem Namen zu speichern, damit das Original mit den größeren Abmessungen nicht verloren geht!

Und warum sollte man eine Verkleinerung überhaupt durchführen?

Normalerweise macht man dies tatsächlich eher selten. Wer seine Bilder online entwickeln lässt, lädt einfach sein Bildmaterial hoch und wählt das Ausgabeformat. Schlimmstenfalls wird die Online-Software mitteilen, dass die Qualität für die Größe nicht ausreicht. Eine Verkleinerung macht dieser Service automatisch.

Wenn wir jedoch unser Bild in einer bestimmten Größe selbst drucken wollen oder es für eine Webseite benötigen, dann müssen wir die Abmessungen auch verkleinern können.

Gerade im letzten Fall ist dies notwendig, weil sonst die Dateigröße für das Internet viel zu groß wäre. Für Internetseiten braucht man glücklicherweise die DPI-Angabe nicht berücksichtigen. Hier sind nur die Pixel wichtig. Fragen Sie Ihren Webdesigner oder schauen Sie sich die Abmessungen von den bereits eingesetzten Bildern an. Daran können Sie sich orientieren.

Im Kapitel „JPG-Format für Web" finden Sie auch noch eine genaue Erklärung zum Speichern für Webseiten.

Arbeitsfläche ändern

Das Menü Arbeitsfläche benutzt man erfahrungsgemäß eher selten. Es ist erreichbar über das Menü „Bild" - „Arbeitsfläche".

Hier nimmt man nur Einfluss auf das Pixelgerüst, aber nicht auf die Größe oder Farbe der Pixel. Man kann sich das am besten an einem analogen Foto vorstellen – dieses entspricht der vorhandenen Arbeitsfläche.

Möchte man nun etwas davon abschneiden, verkleinert man die Arbeitsfläche. Entweder gibt man den neuen Wert ein oder den Wert um welchen sich die Abmessungen ändern sollen (Haken bei relativ). Anschließend legt man über Klick in die Flächen mit den Pfeilen fest, von wo abgeschnitten werden soll.

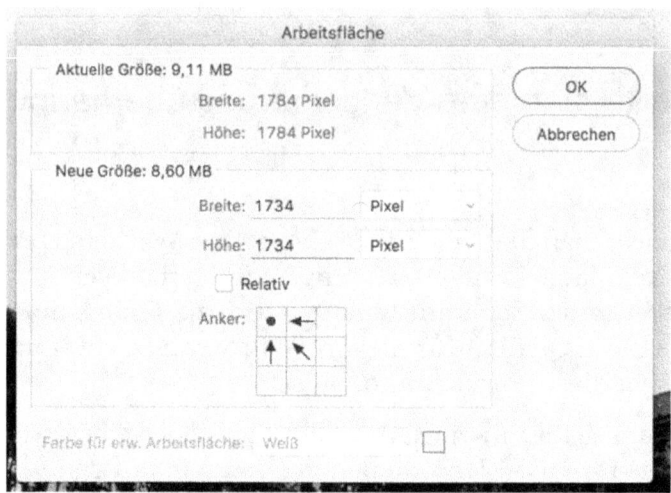

Verkleinerung und Klick auf das linke obere Kästchen (dieser Bereich bleibt, von dort wird Maß genommen und rechts und darunter abgeschnitten)

Am analogen Foto hätten wir mit einem Schnittgerät die Größe reduziert.

Die andere Einsatzmöglichkeit ist die Vergrößerung der Arbeitsfläche. Damit wird nicht das Motiv vergrößert, sondern das Bild. In der Praxis wird ein Streifen an das Motiv herangelegt. Wenn Sie dies vom Zentrum aus erzeugen lassen, wird dadurch ein Rahmen um das Bild gelegt.

Über Farbe können Sie (vorher) noch den Farbton anwählen.

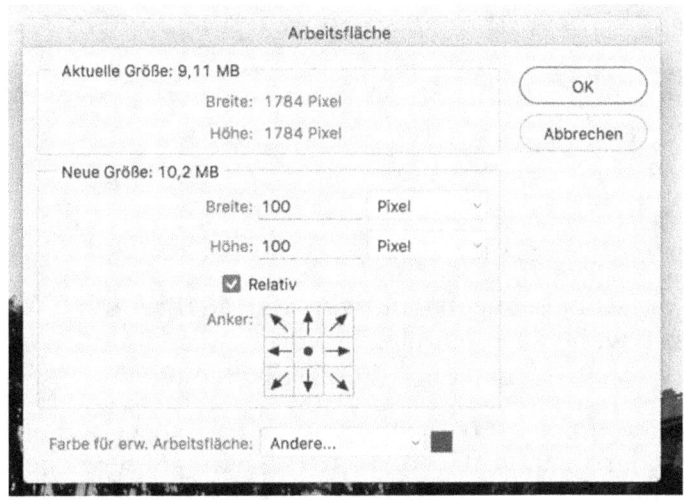

Vergrößerung der Arbeitsfläche und Farbwahl durch Klick auf das farbige Kästchen unten rechts

Ergebnis nach Vergrößerung der Arbeitsfläche

Auswahlrechteck-Werkzeug

Dieses Werkzeug gehört eigentlich in das Kapitel Auswahl. Doch hier greife ich kurz vor. Wählen Sie dieses Werkzeug und stellen in der Optionsleiste unter „Art" auf „feste Größe".

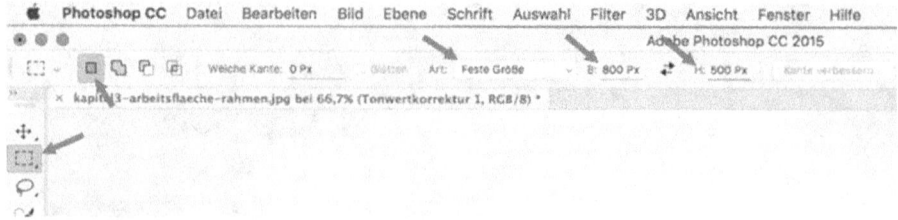

Screenshot Optionsleiste feste Größe

Nun können Sie die Abmessungen eintragen, die Sie für Ihren Bildausschnitt benutzen wollen. Ich schreibe bewusst „Ausschnitt", weil wir über diesen Weg wie mit einer Schablone arbeiten werden.

Wir tragen die Größe ein, klicken ins Bild und verschieben dann mit den Pfeiltasten auf der Tastatur die Auswahl (sie wird als gestrichelter Rahmen dargestellt) oder wir gehen mit der Maus in den inneren Bereich der Auswahl und verschieben mit gedrückter Maustaste. Wenn wir die Position gefunden haben, gehen wir ins Menü „Bild" und wählen dort „Freistellen".

Wichtig zu wissen: Wenn Sie als feste Größe Längenmaße eingeben (wie cm oder mm und nicht Pixel), dann wird die Auswahl abhängig von der eingestellten Auflösung getroffen. Achten Sie also darauf, welche Auflösung Sie in der Bildgröße festgelegt haben.

Freistellungswerkzeug

Die letzte Möglichkeit, um ein Bild in seinen Abmessungen zu beeinflussen, ist das Freistellungswerkzeug. Sie finden es in der fünften Position von oben in der Werkzeugleiste.

Freistellungswerkzeug

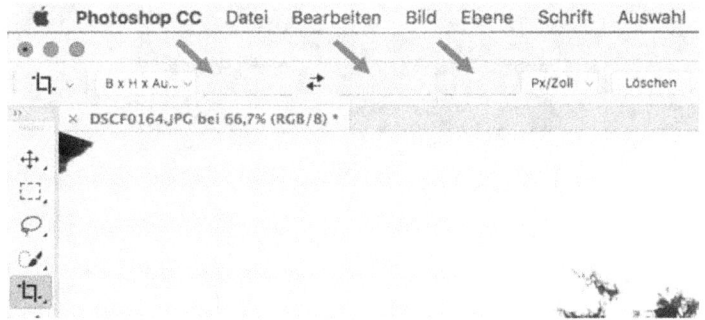

Die einfachste Nutzung: Alle Felder leer lassen und mit der Maus einen Rahmen im Bild direkt aufziehen

In der Optionsleiste finden Sie mehrere Möglichkeiten, die Freistellung zu beeinflussen. Wählen Sie am besten B x H x Auflösung und lassen die folgenden 3 Felder leer. Nun können Sie mit gedrückter Maustaste einen Rahmen im Bild aufziehen und so bestimmen, welchen Ausschnitt Sie wählen. Dabei ist sichergestellt, dass nicht durch eine gewählte Auflösung das Bild ruiniert wird. Den so erzeugten Rahmen können Sie dann noch mit den Anfasser-Punkten (kleine Kästchen an den Kanten und an den Ecken des Rahmens) anpassen. Wenn Sie zufrieden sind, bestätigen Sie die neue Bildgröße mit Drücken der „Enter"-Taste. Möchten Sie alles zurücknehmen wählen Sie die „Escape"-Taste oben links an der Tastatur.

Gerade ausrichten des Horizontes

Das kommt auch bei Profis mal vor: Sie fotografieren schnell „aus der Hüfte", um einen Moment festzuhalten, der gleich verschwunden sein wird. Wenn man Glück hat, ist die Aufnahme etwas geworden und auch scharf. Doch meistens ist dafür die gesamte Lage selten richtig waagerecht.

Hier kann man sich schnell mit dem Lineal-Werkzeug helfen.

Bild mit schiefem Horizont

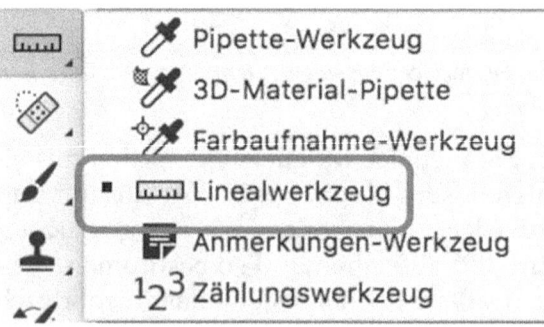

Linealwerkzeug benutzen

Klicken Sie nun mit der Maus einmal auf den Horizont links, halten die Maustaste gedrückt und ziehen Sie sie bis zu einem Punkt des Horizontes auf der anderen Seite. Es sollte eine Linie entstehen, die sich am Horizont anschmiegt. Falls nicht können Sie die Lage der Endpunkte mit der Maus noch versetzen.

Anschließend gehen Sie ins Menü „Bild" – „Bilddrehung" – „per Eingabe". Photoshop hat nun automatisch den „Drehwert" eingetragen, damit das Bild gerade ausgerichtet wird. Klicken Sie auf Ok.

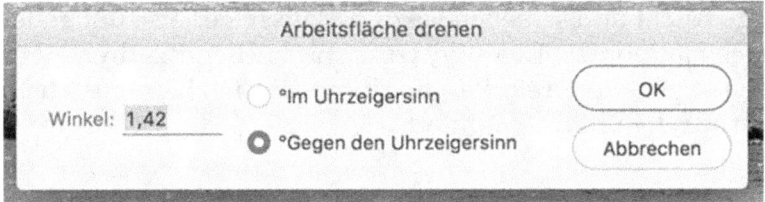

Winkel zum gerade Ausrichten

Nach der Korrektur hat das Bild weiße Dreiecke an den Ecken, die durch das Drehen entstanden sind. Benutzen Sie zum Beispiel das Freistellungswerkzeug, um diese Störungen wegzuschneiden.

Beschneidung des Bildes mit dem Freistellungswerkzeug, um die Dreiecke zu entfernen

Wir lernen: Je nach Einsatzgebiet gibt uns Photoshop verschiedene Möglichkeiten an die Hand, Bilder in der Größe zu beschneiden bzw. anzupassen.

Übrigens:

In neuen Versionen von Photoshop (ab CC 2015.5) gibt es die „Gerade Ausrichten"-Funktion direkt in der Optionsleiste zum Freistellen-Werkzeug. Einfach auf das Lineal klicken und den Horizont markieren. Klicken Sie dafür einmal an den Horizont, halten die Maustaste gedrückt und schieben Sie den Mauszeiger bis zum anderen Ende des Horizontes. Das Bild wird anschließend gedreht. Zudem werden sogar die Dreiecke, die durch das Drehen entstehen, automatisch aus dem Bild retuschiert.

Gerade ausrichten direkt im Freistellungswerkzeug

4. Auswahl

Bisher haben wir in der Bildbearbeitung nur Arbeitsweisen kennengelernt, die das ganze Bild betrafen. Es gibt aber Situationen, in denen wir nicht alles aufhellen wollen, sondern zum Beispiel nur den unterbelichteten Teil eines Motivs.

Wir müssen also Möglichkeiten finden, selektive Bildbearbeitung durchzuführen.

Auswahlwerkzeuge

Genau dafür gibt es eine ganze Reihe an Werkzeugen:

- Rechteck- oder Ellipsen-Auswahl
- Auswahl für einzelne Zeile oder Spalte
- Lasso, Polygon-Lasso und magnetisches Lasso
- Neu: Objekt-Auswahl

Doch nun die schlechte Nachricht – für die Bildbearbeitung sind diese Werkzeuge selten zu gebrauchen. Ich weiß, hier werden einige der Leser widersprechen, weil Sie damit schon erfolgreich gearbeitet haben.

Das möchte ich auch gar nicht anzweifeln; doch in diesem Buch möchte ich nur Schritte erklären, die einfach nachzuvollziehen und auf möglichst viele Situationen anwendbar sind.

Daher meine Empfehlung: Das einzige Werkzeug, welches ich für eine selektive Bildkorrektur gebrauchen könnte, wäre das Polygon-Lasso. Dieses lässt sich sehr gut einsetzen, um ein eckiges Motiv mit geraden Kanten einzufangen und zu bearbeiten. Doch auch hier wird man in der Praxis schnell feststellen, dass es so ein Motiv nicht gibt. Meistens ist doch irgendwo eine gebogene Ecke vorhanden.

Ja und wie soll man nun eine selektive Korrektur vornehmen?

Neben der Maskierung, die im nächsten Kapitel vorgestellt wird, ist nun noch das Objekt-Auswahl-Werkzeug eine Alternative, die zumindest ein Versuch wert ist (wie so oft in Photoshop, kommt es immer auf das Bild an, ob ein Werkzeug erfolgreich eingesetzt werden kann, oder nicht). Wer also Photoshop in der Version 2020 oder höher im Einsatz hat, kann den nächsten Abschnitt lesen.

Objekt-Auswahl-Werkzeug

Mit diesem Werkzeug treffen Sie zuerst eine grobe Vorauswahl mit dem Lasso oder einem Rechteckwerkzeug. Im Dropdown-Menü der dazugehörigen Optionsleiste finden Sie diese Möglichkeit:

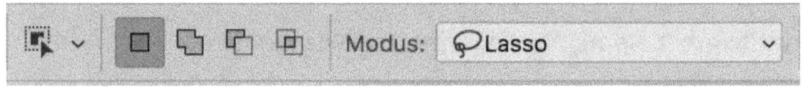

Mit dem Lasso arbeiten Sie am genauesten

Wenn Sie mit der Maus freihändig Ihr Objekt eingekreist haben, können Sie den Rand der Auswahl noch optimieren. Klicken Sie dafür oben rechts auf „Auswählen und Maskieren". Im Dialog „Eigenschaften" in der rechten Spalte können Sie Anpassungen vornehmen. Klicken Sie dann unten auf „OK".

Nun können Sie die Auswahl direkt auf Ihr Objekt anwenden: Klicken Sie im Ebenen-Bedienfeld auf das Maskierungszeichen. Fertig ist die Freistellung.

Zur Sicherheit sollten Sie trotzdem noch eine Kopie der Hintergrund-Ebene erstellen.

Wenn Ihnen die Maskierung nicht vertraut ist, können Sie auch einfach die Kopierfunktion verwenden (oder das nächste Kapitel lesen). Nachdem Sie eine Auswahlkante im Bild erzeugt haben, wählen Sie im Menü „Bearbeiten" – „Kopieren" und anschließend „Bearbeiten" – „Einfügen". Schon haben Sie das Objekt auf einer separaten Ebenen.

Vorauswahl mit dem Lasso des Objektauswahlwerkzeugs

Mit Klick auf das Maskierungssymbol ist das Motiv freigestellt

Maskierung

Hier kommt die Maskierung ins Spiel. Wenn Sie zum Beispiel eine Tonwertkorrektur vorgenommen haben, wird automatisch eine Einstellungsebene mit einer Maske dazu angelegt. Diese Maske ist als weiße Fläche in der Ebenen-Palette sichtbar.

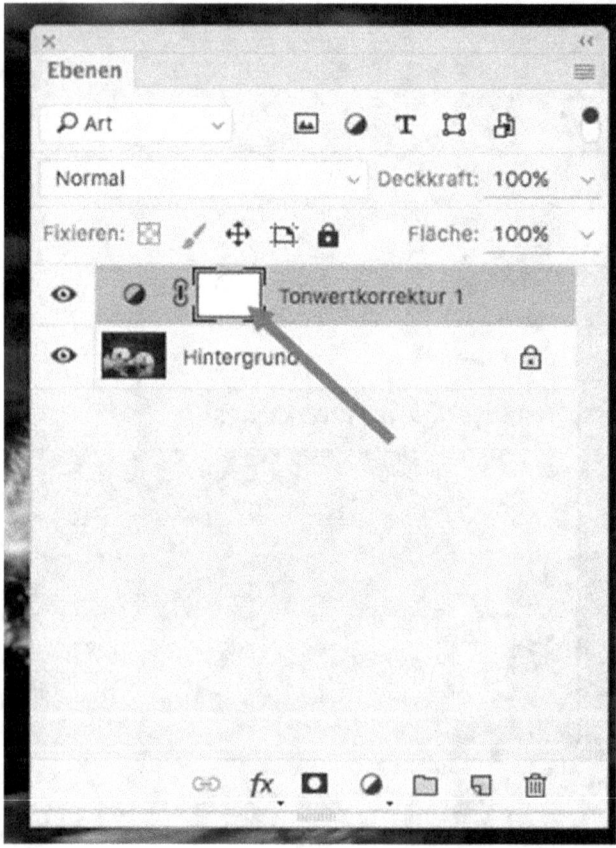

Ebenen-Maske

Die Farbe Weiß zeigt an, dass die Tonwertkorrektur oder alles andere, was sich gerade auf der Ebene befindet, komplett auf jeden Teil des Bildes angewendet wird.

Mit Klick auf diese Fläche wird die Maske angewählt und wir können nun direkt im Bild mit schwarzer Farbe Bereiche anmalen, die wir von der Bearbeitung durch die Tonwertkorrektur aussparen wollen.

Malen mit Schwarz in einer Maske

Dafür nimmt man bei Landschaftsaufnahmen und Portraits am besten einen Pinsel mit weicher Kante (Härte: 0-10 %); bei kantigen Objekten einen Pinsel mit harter Kante (Härte 100 %), weil man dort keinen sanften Übergang benötigt.

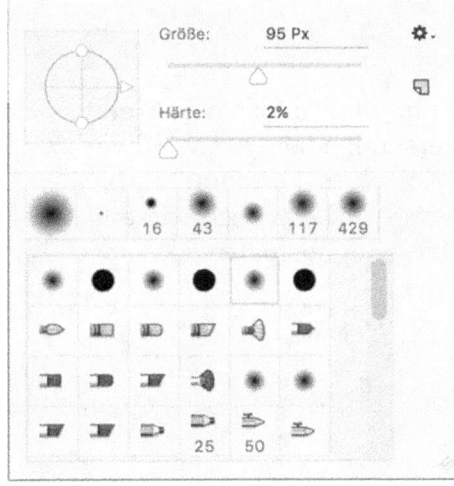

Pinseleinstellungen (Pinsel aktivieren und mit rechter Maustaste ins Bild klicken)

Das Schöne daran ist: Wenn Sie sich vermalt haben, benutzen Sie einfach die Farbe Weiß und malen den Bereich wieder frei. Sie können auch jederzeit die Maske deaktivieren, indem Sie mit der rechten Maustaste auf die Maske klicken und „deaktivieren" anwählen.

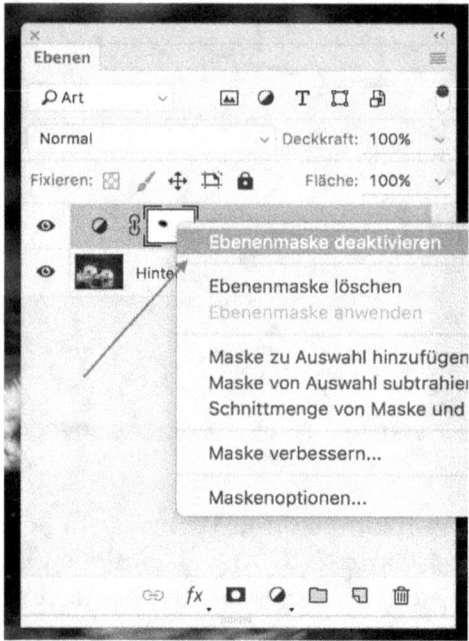

Maske deaktivieren

Zusatz-Tipp:

Wenn Sie nur einen kleinen Bereich im Bild mit einer Korrektur versehen wollen, wählen Sie diesen zuerst mit einem Auswahlwerkzeug grob aus und klicken dann auf die Korrektur-Funktion, die Sie benötigen. So wird schon automatisch eine Maske mit schwarzem Anteil erzeugt und Sie müssen nicht mehr soviel ausmalen. Das spart Zeit und Nerven.

Auswahl zur Freistellung von Motiven

Dieses Kapitel wollte ich eigentlich auslassen, weil eine Freistellung nichts mit der Bildverbesserung zu tun hat. Ich weiß aber aus Erfahrung, dass viele Kursteilnehmer dies gerne lernen würden. Es ist sozusagen die Königsdisziplin in Photoshop und dadurch auch nicht von heute auf morgen beherrschbar. Außerdem kommt es immer sehr auf das Ausgangsmaterial an, ob eine Freistellung gut oder schlecht gelingt.

Was ist denn eigentlich eine Freistellung?

Nehmen wir mal an Sie haben ein Foto mit mehreren Personen. Eine von diesen Personen möchten Sie nun herauskopieren und in ein Bild mit Palmen am Strand einfügen. Dafür müssen Sie die Person im Originalbild in irgendeiner Form auswählen, damit die Kopier-Funktion in Photoshop auch funktioniert. (Das Objekt-Auswahlwerkzeug in Photoshop 2020 könnte dies unter Umständen schaffen – es ist ein Versuch wert..)

Diese Schritte würden den Umfang des Buches sprengen und die meisten würden auch danach nicht in der Lage sein, eine wirklich hochwertige Auswahl zu erstellen. Daher empfehle ich jedem, der nicht mehrere Stunden oder gar Tage an einem Motiv verzweifeln möchte, ein paar wenige Euros in die Hand zu nehmen und die Freistellung von einem dieser Dienstleister vornehmen zu lassen:

- http://www.schnellmedia.com/bildbearbeitung/freisteller
- http://www.clippingbees.com
- http://www.freistellen.de

Dort können Sie ganz bequem Ihr Motiv hochladen und es freistellen lassen. Meistens bekommen Sie dann eine Photoshop-Datei zurück, in dem eine extra Ebene mit dem extrahierten Objekt Ihrer Wahl angelegt ist.

Eine Auswahl mit Alpha-Kanal

Es kann vorkommen, dass Sie mit dem Begriff Alpha-Kanal konfrontiert werden. Dieser Begriff bezeichnet eine Auswahl, die gespeichert worden ist. Diese wird dann mit den vorhandenen Kanälen abgelegt.

Alpha-Kanal in der Registerkarte Kanäle

Möchten Sie diesen Kanal als Auswahl in Ihr Bild laden wählen Sie im Menü „Auswahl" – „Auswahl laden" und suchen den entsprechenden Kanal aus:

Alphakanal als Auswahl ins Bild laden

Wenn Sie eine Freistellung in Auftrag geben, können Sie meistens zwischen zwei Varianten wählen: Dem Freistellungspfad oder dem Alphakanal. Ein Pfad ist ein Vektor, der über dem Bild liegt und ein Objekt freistellen kann. Er umgrenzt in der Regel das Motiv eindeutig ohne Übergang. Der Alphakanal hingegen kann auch weich auswählen, welches ein entscheidender Vorteil ist.

Wir lernen: Eine Auswahl ist in der Bildbearbeitung nicht immer mit einem Auswahlwerkzeug am besten umzusetzen, sondern mit der Maskierung direkt in der Maske der Korrekturebene.

5. Ebenen

Nun kommen wir zu einem weiteren wichtigen Punkt in Photoshop – den Ebenen. Wir haben sie schon kennengelernt bei den Einstellungsebenen, doch wirklich gearbeitet haben wir damit nicht.

Allgemein

Ebenen werden in der Bildbearbeitung eingesetzt, um bestimmte Bereiche zu verdecken bzw. mit besserem Material zu überdecken. So kann man zum Beispiel einen blauen Himmel dem ursprünglich grau fotografierten drüberlegen.

Der Aufbau von Ebenen ist wie bei Folien. Jede neue Ebene ist am Anfang erstmal leer – also durchsichtig. Wenn Sie eine neue Ebenen erstellt haben und darin malen, wird an den gemalten Stellen, der Hintergrund darunter nicht mehr sichtbar sein.

Neue Ebene zum Beispiel durch Klick auf das +/Plus-Symbol

Die neue Ebene wurde dann mit dem Pinsel bemalt. Da sie über dem Hintergrund liegt, wird alles darunter verdeckt.

Hinweise: Das Schachbrettmuster (grau/weiß gekachelt) simuliert Transparenz und die Ebene, die den Hintergrund ausmacht, ist gegen bestimmte Veränderungen geschützt. Daher sieht man ein Schloss-Symbol. Mit Klick darauf können Sie diese in eine normale Ebene umwandeln.

Achten Sie darauf, dass Sie für jedes neue Objekt immer eine neue Ebene erstellen. Denn wenn Sie ein Element verschieben wollen, verschieben sich alle Dinge, die auf der Ebene sind. Auch hier greift das Beispiel mit den Folien gut. Malen Sie einen Kreis und ein Quadrat auf eine einzige Folie, können Sie nur beides gleichzeitig verschieben und nicht unabhängig voneinander. Es sei denn Sie zerschneiden die Folie.

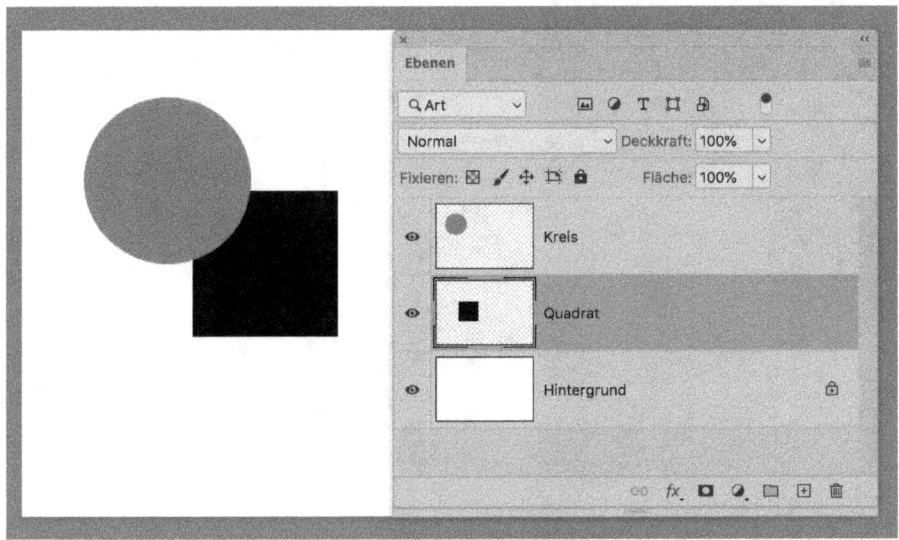

Quadrat und Kreis auf jeweils einzelnen Ebenen

Eine Ebene kann gelöscht werden, indem man sie zum Beispiel mit gedrückter Maustaste in den Papierkorb (unten rechts) zieht. Genauso lässt sich auch die Reihenfolge ändern – man verschiebt die Ebene im Ebenen-Fenster dann etwas nach oben oder unten. Möchte man die Lage der Objekte verändern aktiviert man die entsprechende Ebene (man klickt einfach in die Ebene hinein) und verschiebt dann mit dem Bewegen-Werkzeug (das erste in der Werkzeugleiste) das Objekt an die neue Position. Auch der Einsatz der Tastaturpfeile ist möglich.

Mit Ebenen können wir noch die Stärke bzw. Deckkraft unserer Ebenen regeln und über das Augensymbol temporär ein- oder ausblenden. Besonders die Deckkraft ist in der Bildbearbeitung mit Einstellungsebenen nützlich. Hiermit können Sie eine zu starke Korrektur durch eine geringere Deckkraft abmildern.

Augensymbol und Deckkraft

Als letztes gibt es noch den Ebenen-Modus. Hier können Sie Ebenen untereinander verrechnen lassen und teilweise schöne Ergebnisse erzielen. Für die Bildbearbeitung anfangs aber erstmal unnötig.

Ebenenmodus – am Anfang lieber auf „Normal"

In der Bildbearbeitung werden wir von Ebenen keinen großen Gebrauch machen. Sie kommen nur zum Einsatz mit Einstellungsebenen (wie schon kennen gelernt) und bei der Bildretusche. Dort machen wir vor der Bearbeitung eine Kopie der Hintergrundebene, damit wir immer zum Original zurückkehren können. Klicken Sie einfach auf die Ebene und schieben Sie sie auf das Plus-Symbol (es gibt noch andere Methoden wie mit der rechten Maustaste und andere).

Kopie der Hintergrundebene

In dieser Kopie wird man anschließend alle Korrekturen vornehmen, die das Bild verbessern:

Schärfen, Störungen entfernen und womöglich noch der Einsatz von anderen Filtern. Farbkorrekturen haben wir ja schon über Tonwertkorrektur, Gradationskurve und/oder Farbton/Sättigung erreicht.

Um alle Ebenen später wieder benutzen zu können, speichert man Dateien mit mehreren Ebenen am besten als PSD-Datei (siehe auch Kapitel Dateien).

6. Störungen entfernen

Es gibt zahlreiche Werkzeuge zum Entfernen von Störungen im Bild. Auch Filter kann man dafür einsetzen. Doch auch hier möchte ich mich auf das Werkzeug konzentrieren, mit dem man fast immer erfolgreich ist, ohne ein Photoshop-Experte sein zu müssen: Der Bereichsreparatur-Pinsel.

Bereichsreparaturpinsel

Fussel auf der Linse

Wählen Sie dieses Werkzeug und stellen die Größe in etwa auf die Dicke der Störung. Ziehen Sie nun die Maus entlang des Fussels und lassen danach die Maustaste los. Normalerweise ist jetzt die Störung entfernt. Falls nicht, setzen Sie das Werkzeug einfach erneut ein.

Fussel auf der Linse und später im Bild

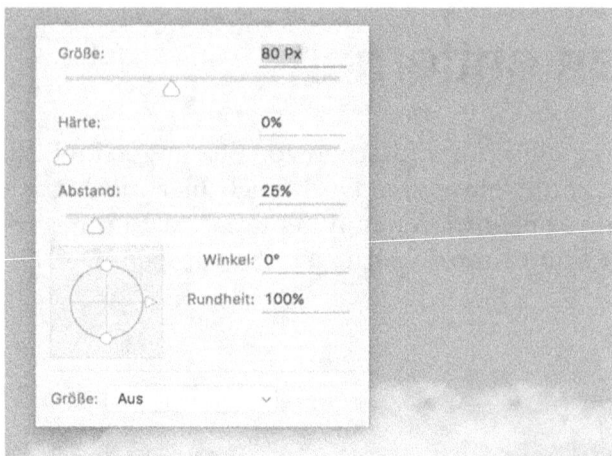

Einstellungen vom Bereichsreparaturpinsel (rechte Maustaste betätigen)

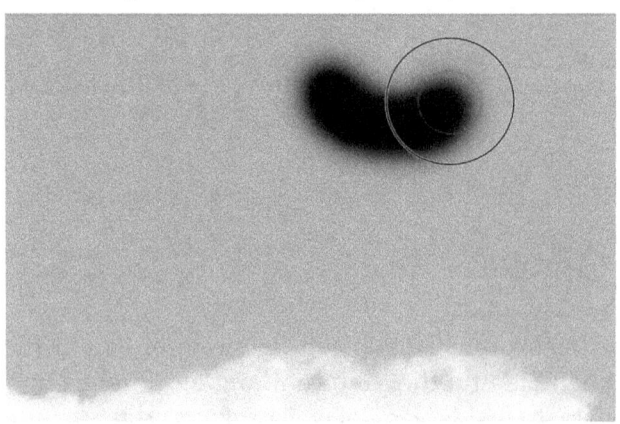

Reparatur-Werkzeug im Einsatz

Malen Sie mit dem Werkzeug über die Störung – wundern Sie sich nicht, dass erstmal ein schwarzer Strich entsteht. Nach dem Loslassen der Maustaste beginnt die Reparatur.

Fertige Korrektur

Wir lernen: Mit dem Bereichsreparaturpinsel lassen sich Bildstörungen am komfortabelsten entfernen.

Hautunreinheiten entfernen

Auch Pickel oder andere punktuelle Schönheitsfehler können Sie so beheben. Doch wenn das Modell flächenhaft unreine Haut hat, dann ist dieser Vorgang einfach zu mühselig.

An diesem Beispiel möchte ich mit der Filterfunktion „Weichzeichnen" vorführen wie man unreine Haut verbessert.

- Öffnen Sie das Bild.
- Machen Sie eine Kopie der Hintergrundebene.
- Gehen Sie in das Menü „Filter" – „Weichzeichungsfilter" – „Gaußcher Weichzeichner".
- Wählen Sie eine Stärke, bei der die Haut optimal erscheint (und ignorieren Sie, dass das Bild komplett unscharf ist).

- Öffnen Sie das Protokollfenster („Fenster" – „Protokoll") und klicken mit der Maus in das Kästchen vor dem letzten Arbeitsschritt ganz unten.

- Nun klicken Sie mit der Maus auf die Stelle im Protokoll, an der das Bild noch nicht weichgezeichnet ist.

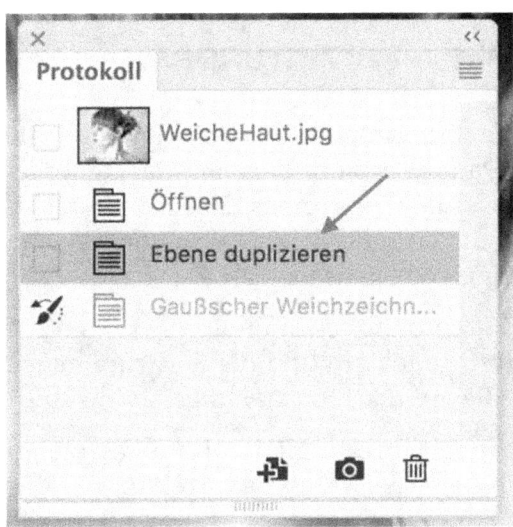

- Wählen Sie den Protokoll-Pinsel aus der Werkzeugleiste und stellen die Abmessungen ein. Die Größe ist abhängig von der Fläche, die Sie verändern wollen; auf jeden Fall sollte aber der Pinsel eine weiche Kante haben.

- Nun malen Sie mit diesem Pinsel in das Bild und Sie stellen fest, dass Sie jetzt den Weichzeichnungs-Zustand ins Bild malen. Im Protokoll-Fenster sehen Sie wie jeder Schritt mit diesem Pinsel gelistet wird. Der Weichzeichnungsschritt bleibt fixiert und mit dem Pinsel genau der Zustand der Weichzeichnung aufgetragen.

Korrekturen von Objektiv-Verzerrungen

Bei vielen Objektiven gibt es Vignettierungen oder Verzerrungen, die der Technik geschuldet sind. Da gibt es zum Beispiel die Vignettierung, die dadurch entsteht, dass durch ein rundes Objektiv ein rechteckiges Bild erzeugt werden soll. Gerade in den Ecken sind dann unter Umständen Abdunkelungen oder falsche Farben.

Für die Korrektur von diesen Fehlern gibt es in Photoshop einen Filter. Hier gibt man sein Objektiv-Modell ein und die Software macht automatisch Verbesserungen, die auf das Objektiv abgestimmt sind.

Öffnen Sie ein Foto, welches Sie mit Ihrer digitalen Kamera erzeugt haben und wählen im Menü „Filter" die „Objektivkorrektur". Es öffnet sich automatisch ein neues Programmfenster über der bereits geöffneten Datei.

In der rechten Spalte wählen Sie Ihre Marke und Kameramodell und am Ende das Objektiv. Photoshop hat wirklich fast alle Objektive gelistet. Da ich nur eine günstige Einsteigerspiegelreflex-Kamera habe, ist diese in der Modellliste nicht zu finden. Man wählt dann einfach den Hersteller ohne nähere Bezeichnung.

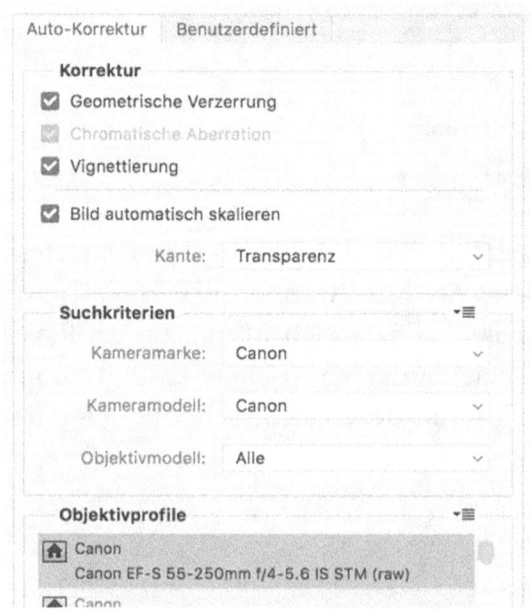

Möglichkeiten zur Objektivkorrektur über Filter

Mit Klick auf „OK" wird die Korrektur übernommen und Sie landen wieder in der normalen Ansicht von Photoshop.

Wir lernen:

Sollten Sie einen krummen Horizont oder schattige Ecken im Bild haben, verbessern Sie dies am besten mit der Objektiv-Korrektur.

7. Bilddatei-Formate

Wenn man sich die verschiedenen Möglichkeiten zur Speicherung in Photoshop anschaut, kann einem schnell schwindelig werden. Wofür denn diese ganzen Datei-Typen? Welche benötige ich denn davon?

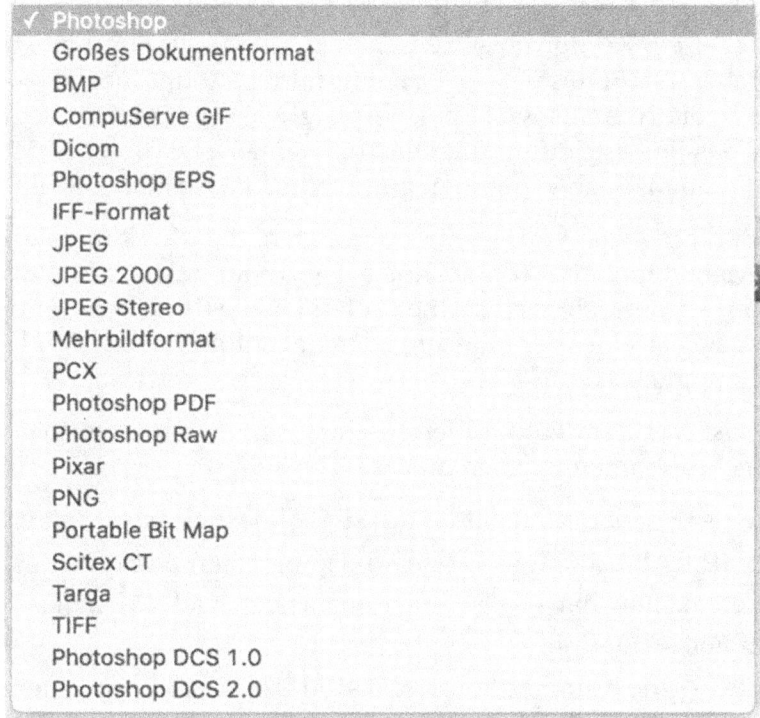

Dateitypen zur Auswahl in Photoshop

Ich kann Sie beruhigen – nur ganz wenige!

Meistens fängt es damit an, dass die ursprüngliche Datei im JPG-Format vorliegt. Die digitale Kamera liefert uns in der Regel immer dieses Format. Es sei denn Sie sind Profi- oder Amateur-Fotograf und benutzen das RAW-Format.

Die digitale Kamera speichert die Bildinformation auf einer Speicherkarte. Doch vorher werden diese Informationen von einem Bildsensor erfasst und über die Kamera weiterverarbeitet. Dabei wird das Foto beim Speichern als JPG-Format noch farblich verbessert, während im RAW-Format (Roh-Format) die Daten unbehandelt gespeichert werden. Vergleicht man beide Ergebnisse, dann erscheint das JPG meistens farbenfroher – das Roh-Bild schreckt eher ab.

Doch ist das JPG dadurch wirklich besser?

Ein JPG ist eher ein Kompromiss zwischen guter Qualität und maximaler Speicherausnutzung. Das Original-Bild benötigt normalerweise etwa 5- bis 10-mal soviel Speicherplatz wie ein JPG. Das liegt daran, dass das JPG Bildinformationen komprimiert. Darunter leidet immer die Qualität, auch wenn man auf maximale Qualität einstellt.

Ein RAW-Bild hingegen verfügt über alle Daten, die die Kamera erfasst hat. Man kann über Photoshop, Lightroom oder Raw-Programme vom Kamera-Hersteller eine professionelle Bildbearbeitung vornehmen. Selbst eine Veränderung der Belichtung ist im Nachhinein noch möglich.

Man sollte also vor dem Fotografieren schon festlegen mit welchem Modus man Aufnahmen machen möchte:

- Nur als JPG, damit die Bilder gut sind ohne viel Arbeit später.
- Nur als RAW, damit man noch die maximalen Bearbeitungsmöglichkeiten hat – allerdings auch noch viel Arbeit nach dem Foto-Shooting.
- Beides – gute Kameras können das. So erhalten Sie von einem Foto zwei Dateiformate (JPG und RAW). Sie können aber dann vermutlich nicht so viele Bilder hintereinander schießen wie bei einem Format.

Wie schon gesagt verbrauchen die RAW-Bilder deutlich mehr Speicher. Sie sollten also entsprechend große Speicherkarten einsetzen.

Die Bearbeitung von RAW-Dateien wird hier übrigens nicht erklärt – das wird in einem anderen Ratgeber behandelt.

Wir starten also mit dem JPG-Format – damit werden die meisten Leser zufrieden sein.

Druck-Dateien

Sie öffnen also Ihre JPG-Datei mit Photoshop und möchten diese verbessern. Nachdem Sie nun alle Bildbearbeitungsschritte gemacht haben, gehen Sie ins Menü „Datei" – „Speichern". Hier werden Sie feststellen, dass Photoshop automatisch das Format „PSD" vorschlägt.

Das liegt daran, dass bei der Erstellung von Korrekturen, Einstellungsebenen erzeugt worden sind. Und Ebenen können im JPG-Format nicht gespeichert werden. Daher müssen wir hier ein anderes Format wählen.

PSD-Datei-Format

PSD steht für Photoshop-Document und ist der Haus-Dateityp für Photoshop – so wie docx für Word-Dokumente.

Mit diesem Format kann man nicht viel falsch machen. Es lässt sich alles darin speichern – nichts geht verloren oder wird komprimiert. Der einzige Nachteil daran ist, dass die Dateigröße deutlich höher ist als bei der JPG-Datei. Ganz besonders dann, wenn man Ebenen benutzt hat.

In der Praxis benutzt man diesen Dateityp als sogenannte Mutter-Datei für den internen Zweck. Man gibt sie nicht weiter an Kunden oder Druckereien.

TIFF-Datei-Format

Wenn man sein Bild in guter Qualität drucken lassen möchte, wählt man am besten das TIFF-Format (manchmal auch nur TIF geschrieben). Es lässt sich in der Liste der Dateitypen beim „Speichern unter"-Dialog finden. Wählen Sie es an und im nächsten Schritt erscheinen Options-Felder, die Sie fast alle so eingestellt belassen können.

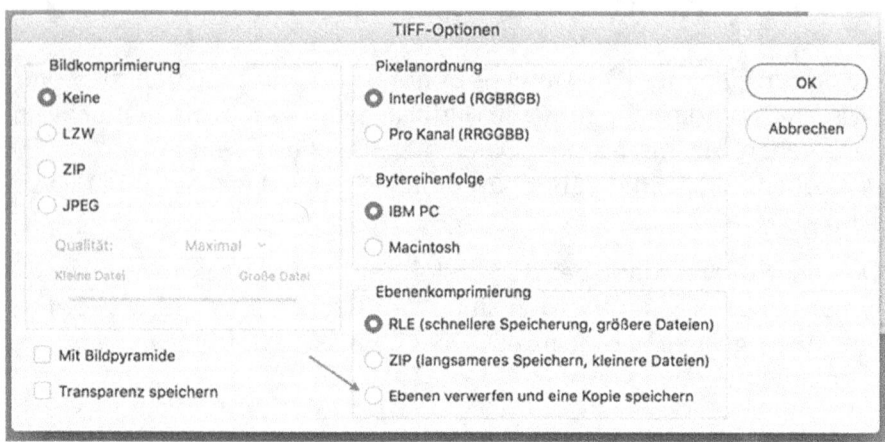

TIFF-Optionen

Lediglich im unteren Bereich sollten Sie (sofern Sie mehrere Ebenen in der Datei haben) „Ebenen verwerfen und Kopie speichern" aktivieren. Nun erzeugt Photoshop für Sie automatisch eine Kopie der Datei im TIFF-Format mit nur einer einzigen Ebene.

Die Datei ist dadurch erheblich kleiner als vorher. Zwar immer noch größer als ein JPG, aber bei deutlich besserer Qualität.

Wir lernen: Das JPG kann man zwar zum Drucken benutzen, hat aber eine nicht so gute Qualität. Wir speichern es am besten neu als PSD-Datei, machen darin die Korrekturen, speichern es wieder als PSD mit allen Änderungen. Wenn es dann gedruckt werden soll, speichern wir es neu als TIF mit den oben genannten Einstellungen (ohne Ebenen).

Web-Formate

Nun gibt es natürlich noch das Einsatzgebiet Web oder App. Ein Bild soll also an einem digitalen Display (Monitor, Fernseher, Smartphone-Display, Beamer oder anderem) wiedergegeben werden. Hier kommt es also nicht auf das Papier drauf an, sondern auf die Software / das App, welches das Bild wiedergeben soll.

Meistens kommt dort ein Browser zum Einsatz (Internet Explorer, Edge, Firefox, Chrome oder Safari). Dieser kann standardmäßig folgende Datei-Typen interpretieren und darstellen:

- JPG
- GIF
- PNG (8 und 24 Bit)
- und neu WebP (ein Dateiformat von Google, dieses wird in Photoshop nicht direkt angeboten, man muss es über ein Plugin installieren)

Dann gibt es noch Sonder-Formate, die auf Vektoren basieren (können)

- SVG
- PDF

Für uns sind eigentlich nur die ersten drei von Bedeutung. Sie können durch Photoshop erzeugt werden, während das SVG nur über Umwege unterstützt wird. Ein PDF lässt sich durchaus anwählen. Ist aber für Bilder im Web eher unüblich.

Für die ersten drei Datei-Typen hat Photoshop einen extra Menüpunkt vorgesehen: „Für Web speichern" unter „Datei" – „Exportieren". Wählen Sie dies an und es erscheint ein neues Menü, in dem Sie unter verschiedenen Einstellungen alle genannten Dateitypen zum Speichern benutzen können. Der wichtigste Teil ist in der rechten Spalte zu finden. Hier wählt man das Dateiformat und legt die entsprechenden Optionen fest.

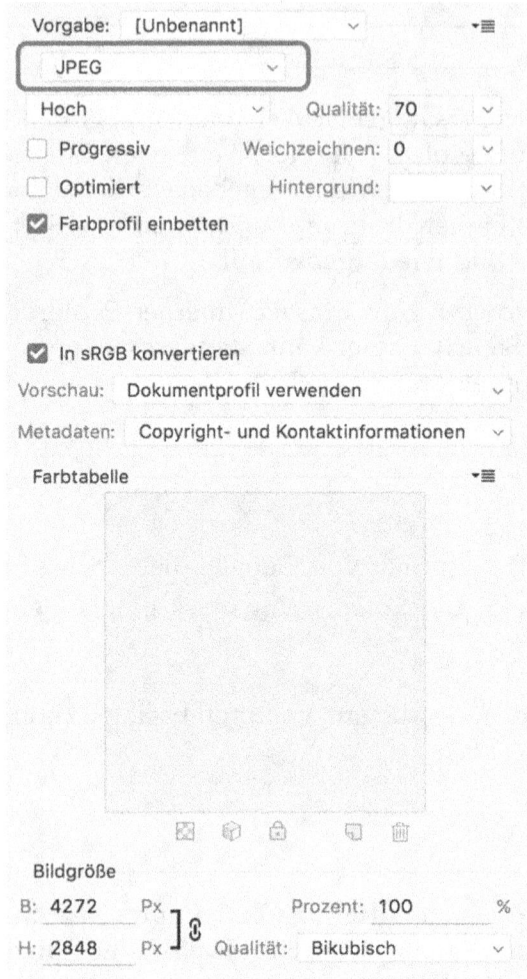

Für Web speichern - Dateitypauswahl

JPG-Format für Web

Oben rechts stellen Sie das gewünschte Dateiformat ein. Dort sind alle für das Web geeigneten Typen gelistet. Wir stellen es auf „JPEG" (JPEG ist das gleiche wie JPG).

Nun sieht man darunter mehrere Optionsfelder, die alle mit diesem Dateiformat in Verbindung stehen. Am wichtigsten ist die Qualitätsstufe. Sie lässt sich unterhalb der Dateitypwahl einstellen und hängt direkt mit dem Regler rechts daneben zusammen. Die Qualität lässt sich über diesen noch genauer festlegen. Im Hauptfenster links sehen Sie wie die Qualitätsstufe das Bild verändert. Bei sehr geringer Stufe kann man deutlich Bild-Artefakte (Blockbildung von Farben) erkennen. Das sollte man natürlich vermeiden.

Unten links kann man übrigens sehr schön ablesen wie groß die Datei nach dem Export ist. Gerade im Web ist eine kleine Datei zu bevorzugen, da sie schneller geladen wird.

Nun gibt es noch ein paar weitere Optionsfelder:

Progressiv

Wenn Sie hier einen Haken setzen, wird die Datei in mehreren Durchgängen geladen. Sie erkennen es daran, dass das Bild beim Laden auf der Website zuerst unscharf erscheint und dann nach und nach an Schärfe gewinnt. Es ist Geschmacksache, ob man diese Funktion einsetzt.

Optimiert

Ein Haken gemacht und die Dateigröße wird nochmal etwas kleiner. Früher war das mit Vorsicht zu genießen, weil nicht alle Programme mit dieser Option klarkamen. Das bedeutete, dass sich die Datei nicht öffnen ließ. Heute kommt es zu diesen Problemen eigentlich nicht mehr, wer aber auf Nummer sichergehen möchte, sollte den Haken nicht setzen.

Farbprofil einbetten

Wie eingangs schon erwähnt, definiert das Farbprofil welche Farben benutzt werden sollen. Ist hier ein Haken wird das Farbprofil der Datei mit eingebettet. Zum einen bedeutet das nun, dass die Datei dadurch größer wird und zum anderen wirft es die Frage auf, was das für Konsequenzen in der Praxis hat. In der Praxis wird das Bild normalerweise im Browser angezeigt. Dieser muss also in der Lage sein, Farbprofile zu interpretieren und darzustellen. Mittlerweile können das alle modernen Browser.

Wenn Sie also Ihr Foto wie empfohlen mit Adobe-RGB angelegt haben, kann dieses Profil mit eingebettet werden. Doch leider ist dieser Farbraum nicht auf jedem Rechner verfügbar. Daher wird u. U. der nächste Haken notwendig:

In sRGB konvertieren

Nun wird Ihr Bild beim Exportvorgang in das sRGB-Profil umgewandelt. Das Originalbild bleibt davon natürlich verschont.

Mit diesen Einstellungen haben Sie die besten Voraussetzungen dafür geschaffen, dass Ihr Bild im Web gut aussieht.

Trotzdem muss noch angemerkt werden, dass man natürlich keinen Einfluss darauf hat, wie der Besucher Ihrer Website seinen Monitor kalibriert hat. Es gibt immer noch viele Nutzer, die Ihre Systeme ohne Monitor-Profil benutzen und damit natürlich auch andere Farben erhalten als kalibrierte Systeme.

Weichzeichnen

Zu Zeiten des langsamen Internets war es üblich die Dateiqualität sehr niedrig einzustellen, um kleine Dateien zu erhalten, die dann schnell geladen waren. Um die dadurch entstandenen Artefakte abzumildern, hat man das Bild weichgezeichnet. Das ist heute nicht mehr notwendig und unnötig.

Hintergrund

Sollte Ihr Foto Transparenz enthalten, werden die unsichtbaren Teile durch diese Farbe ersetzt. Ein JPG kann nämlich keine Transparenz speichern.

Achtung: auch wenn diese Box als leer erscheint, ist eigentlich die Farbe Weiß eingestellt.

Bildgröße

Hier können Sie eigene Abmessungen einstellen. Meistens gibt es für das Webdesign Vorgaben in welcher Größe ein Bild vorliegen muss. Der Webdesigner gibt diese vor oder Sie schauen sich die Abmessungen der vorhandenen Dateien an. Vergrößern sollten Sie Ihr Bild natürlich nicht – das ist genauso wie im Kapitel „Bildgröße".

Stellen Sie bitte noch bei Qualität auf „bikubisch schärfer" damit die Verkleinerung keine Unschärfe verursacht.

Wo ist die Auflösungsangabe?

Da Webbrowser nur die Bildpixel verarbeiten, ist eine Auflösung nicht notwendig. Sie ist nur beim Druck interessant. Photoshop gibt den Bildern beim Export für Web aber trotzdem eine Auflösung von 72 DPI.

Einsatzgebiete vom JPG

Im Web wird dieses Format vorwiegend für Fotos genutzt. Es hat den Vorteil, dass es Bilder bei geringer Dateigröße mit guter Qualität wiedergeben kann. Es ist zwar - wie wir schon gelernt haben - nicht verlustfrei, aber für die Darstellung am Monitor sehr gut geeignet.

Webdesigner benutzen dieses Format auch für Hintergrund-Verläufe, also Farbübergänge zum Beispiel von Blau auf Dunkelblau.

GIF

Einem GIF wird man als Fotograf normalerweise nie begegnen. Das liegt an der schlechten Wiedergabe von Fotos, da das GIF nur 256 Farben beherrscht, für ein Bild viel zu wenig.

Dieses Format nutzt man also nur für Logos und Strichzeichnungen. Ansonsten noch für Animationen, weil es in der Lage ist eine Bilderabfolge zu speichern.

Aus den genannten Gründen werde ich die einzelnen Optionen hier nicht erklären.

PNG-8

Das PNG (sprich Ping) hat die gleichen Eigenschaften und Optionen wie das GIF.

PNG-24

Im Gegensatz zum normalen PNG, kann das PNG-24 2^{24} Farben also über 16 Millionen Farben darstellen. Es hat also die gleiche Farbtiefe wie ein JPG und lässt sich gut für Fotos einsetzen.

Der einzige Nachteil: Die dadurch erzeugten Dateien sind deutlich größer als ein JPG, weil das PNG 24 keine Komprimierung hat.

Im Web ist der Einsatz für Fotos daher eher fragwürdig.

Der Vorteil: Wenn man seine Bilddatei mit guter Qualität verlustfrei speichern will, wählt man PNG. Am besten dann über das normale „Speichern unter" in Photoshop und nicht über „für Web speichern".

Es gibt noch einen anderen Vorteil: Mit dem PNG 24 kann man sehr gut Transparenz abbilden. Wenn man beispielsweise ein Logo mit Schatten-Effekt hat, kann man dieses über jeden Hintergrund ablegen, ohne dass es der Schatten unnatürlich wirkt. Das aber nur am Rande, weil es nur im Webdesign zum Einsatz kommt. Dafür folgt ein separater Ratgeber.

Austausch-Formate

Sollten Sie mit Photoshop gearbeitet haben und Sie möchten Ihr Bild jemandem zukommen lassen, ist die einfachste Methode, die aus dem Kapitel vorher: Speichern Sie es im Web-Format JPG. So können Sie es bequem per Mail versenden.

Möchte der Betrachter Ihr Foto ausdrucken, können Sie es wie oben beschrieben als TIFF weiterreichen. Da dieses Format aber nicht allen bekannt ist, ist auch ein JPG möglich. In diesem Fall aber über das normale „Speichern unter" und dann Dateityp JPG anwählen. Denken Sie daran, dass Sie vorher auch die richtige Auflösung (200 bis 300 DPI) gewählt haben!

Wenn Sie möchten, dass Ihre Datei weiterbearbeitet werden soll, dann geben Sie dem Interessenten am besten die Original-Photoshop-Datei (PSD). Damit kann derjenige genau erkennen welche Einstellungsebenen Sie erzeugt haben und unter Umstände die Regler seinen Bedürfnissen anpassen.

Zum Abschluss: Wie sieht ein üblicher Ablauf der Bildbearbeitung aus?

Nun haben wir in sieben Kapiteln die wichtigsten Arbeitsschritte in Photoshop gelernt. Doch in welcher Abfolge werden diese angewendet?

Hier eine grobe Aufteilung:

1. Bild öffnen und analysieren
2. Hintergrundebene duplizieren
3. Störungen entfernen
4. Objektivkorrekturen vornehmen
5. Bildkorrekturen (Tonwertkorrektur usw.)
6. Bild Scharfzeichnen
7. Bild als Originalbild mit allen Ebenen als PSD speichern
8. Bild für Einsatzgebiet bzw. Weitergabe speichern (TIF oder JPG)

Nachdem Sie Ihre Bilddatei geöffnet haben, suchen Sie als erstes nach Fehlern. Gibt es Fussel, Störungen oder Verzerrungen, die durch das Objekt verursacht worden sind? Schauen Sie sich das Histogramm oder die Tonwertverteilung in der Tonwertkorrektur an – ist der dunkle und / oder helle Bereich vollkommen ausgenutzt? Wenn nein, kann man hier tätig werden. Bevor Sie aber loslegen, machen Sie eine Kopie der Hintergrundebene. Anschließend entfernen Sie die Störungen und machen die Bildkorrekturen (Tonwertkorrektur usw.).

Zum Schluss schärfen Sie noch Ihr Bild mit den Einstellungen, die Sie im Kapitel „Schärfen" gelernt haben.

Normalerweise sollte jetzt die Bildbearbeitung abgeschlossen sein. Für bestimmte Fälle kann noch eine Anpassung der Bildgröße erforderlich sein – auch das haben Sie in den ersten Kapiteln gelernt.

Zum Abschluss speichern Sie noch Ihre Datei als PSD und für die Weitergabe in einem entsprechend anderen Format.

Herzlichen Glückwunsch, Sie haben wie ein Profi mit Photoshop eine Bildbearbeitung vorgenommen!

Natürlich bietet das Programm noch unzählig viele andere Funktionen, doch für den Anfang benötigt man gar nicht soviel. Wer sich noch weiterbilden möchte, kann auf folgenden Websites noch viele Tipps und Tutorials finden:

- https://www.psd-tutorials.de/
- https://helpx.adobe.com/support/photoshop.html

Auch auf meinen Blogs und meiner Büro-Seite findet man noch den ein oder anderen Tipp:

- https://philippkuhlmann.de
- https://edvart.de

Wer noch weitere Lektüre zu Photoshop lesen möchte, dem kann ich diese Autoren bzw. Quellen ans Herz legen:

- Scott Kelby (Fotograf, Autor und Photoshop-Guru der ersten Stunde)
- Doc Baumann

Adobe bietet auch ein Handbuch zum Download als PDF an. Auf über 900 Seiten kann man sich über alle Werkzeuge und Funktionen informieren (leider ist nur noch eine alte Version von 2016 verfügbar; Adobe hat diesen Service anscheinend eingestellt):

- https://helpx.adobe.com/de/pdf/photoshop_reference.pdf

Rechtliches

Die Informationen in diesem Buch werden ohne Rücksicht auf einen eventuellen Patentschutz veröffentlicht. Warennamen werden ohne Gewährleistung der freien Verwendbarkeit benutzt. Bei der Zusammenstellung von Texten und Abbildungen wurde mit größter Sorgfalt vorgegangen. Trotzdem können Fehler nicht vollständig ausgeschlossen werden. Der Autor kann für fehlerhafte Angaben und deren Folgen weder eine juristische Verantwortung noch irgendeine Haftung übernehmen.

Alle Rechte vorbehalten, auch die der fotomechanischen Wiedergabe und Speicherung in elektronischen Medien.

Fast jede Softwarebezeichnung und weitere Stichworte und sonstige Angaben, die in diesem Buch erwähnt werden, sind als eingetragene Marken geschützt. Da es nicht möglich ist, in allen Fällen zeitnah zu ermitteln, ob ein Markenschutz besteht, wird das ®-Zeichen nicht verwendet.

Alle Rechte vorbehalten. Kein Teil des Buches darf ohne Erlaubnis von Philipp Kuhlmann in fotomechanischer oder elektronischer Form reproduziert oder gespeichert werden.

Sofern Sie diesen Text als eBook erhalten, ist ein Ausdruck für persönliche Zwecke und ein Anlegen einer Sicherheitsdatei gestattet.

Dieses Buch enthält Links zu externen Webseiten Dritter, auf deren Inhalte ich keinen Einfluss habe. Deshalb kann ich für diese fremden Inhalte auch keine Gewähr übernehmen. Für die Inhalte der verlinkten Seiten ist stets der jeweilige Anbieter oder Betreiber der Seiten verantwortlich. Die verlinkten Seiten wurden zum Zeitpunkt der Verlinkung auf mögliche Rechtsverstöße überprüft. Rechtswidrige Inhalte waren zum Zeitpunkt der Verlinkung nicht erkennbar. Eine permanente inhaltliche Kontrolle der verlinkten Seiten ist jedoch ohne konkrete Anhaltspunkte einer Rechtsverletzung nicht zumutbar.

www.ingramcontent.com/pod-product-compliance
Lightning Source LLC
Chambersburg PA
CBHW071823200526
45169CB00018B/884